Die besten Rezepte

Intervall Fasten

einfach schlank
durch Esspausen

garant

INHALT

VORWORT

Gewicht reduzieren, sich körperlich und geistig fitter fühlen und dabei kulinarisch auf nichts verzichten müssen – das klingt zu schön, um wahr zu sein? Nicht, wenn Sie sich fürs Intervallfasten entscheiden! Anstatt Kalorien zu zählen, lassen Sie einfach stunden- oder tageweise das Essen weg. Dafür können Sie den Rest der Zeit zu sich nehmen, was und so viel Sie möchten. Kein Wunder, dass Kurzzeitfasten immer mehr Anhänger findet! Doch neben der Gewichtsreduktion steht beim Intervallfasten auch die Gesundheit im Fokus: So kann es beispielsweise dabei helfen, gefährliches Bauchfett zu reduzieren, das Risiko für Diabetes und Bluthochdruck zu verringern sowie ganz allgemein die Lebenserwartung zu erhöhen.

Damit all das gelingt, ist es wichtig, sich gut aufs Intervallfasten vorzubereiten und in den Essensphasen schmackhafte, nährstoffreiche und ausgewogene Mahlzeiten zu sich zu nehmen. Und genau dabei soll Sie dieses Buch unterstützen. Hier erfahren Sie alle Antworten auf die wichtigsten Fragen: Was passiert beim Intervallfasten im Körper? Für wen ist diese Ernährungsmethode geeignet? Und was ist der Unterschied zwischen den verschiedenen Fastenmethoden?

Damit das Durchhalten ein Kinderspiel wird, finden Sie hier darüber hinaus viele abwechslungsreiche Gerichte: Zum Frühstück machen z. B. Aramant-Porridge, Brokkoli-Eier-Muffins und Co. lange satt, geben einen Energiekick für den Tag und bremsen Heißhunger. Schmackhafte Suppen und Salate wie Avocado-Spinat-Suppe und Rotkohlsalat mit Blaubeeren unterstützen den Fastenerfolg und herzhafte Gerichte wie Kabeljau mit mediterranem Gemüse, Kohl-Hackfleisch-Auflauf oder vegane Blumenkohl-„Wings“ steuern wertvolle Nährstoffe bei, ohne das Kalorienkonto allzu stark zu belasten. Und selbst ein leckerer Nachtisch ist beim Intervallfasten drin. Gönnen Sie sich doch mal einen exotischen Tapioka-Pudding mit Erdbeeren und Birnen oder „schlanke“ Frozen-Yogurt-Riegel. Da glückt die Umstellung garantiert im Nu!

EINLEITUNG

Intervallfasten, intermittierendes Fasten oder Kurzzeitfasten – die beliebte Ernährungsform hat viele Namen und liegt derzeit voll im Trend. Dahinter verbirgt sich ein Ernährungskonzept, bei dem sich Phasen der Nahrungsaufnahme und des Fastens in einem festgelegten Rhythmus abwechseln. Orientierungshilfen bieten verschiedene Kurzzeitfasten-Modelle wie etwa das 5:2- oder das 16:8-Intervallfasten. Außerhalb der Fastenphasen darf man grundsätzlich essen, was und so viel man möchte. Somit bildet dieses Ernährungsmodell eine attraktive Alternative zu strengen Diäten, bei denen man Kalorien zählen oder auf bestimmte Nahrungsmittel verzichten muss. Kommt dann noch in den Essensphasen eine ausgewogene, maßvolle Ernährung hinzu, hat das Intervallfasten eine positive Wirkung auf den gesamten Körper – und das ganz ohne ungesunden Jo-Jo-Effekt.

Was ist Intervallfasten?

Intervallfasten ist alles andere als eine Erfindung der Neuzeit: Werfen wir einen Blick in die Vergangenheit, waren wir es noch vor einigen Tausend Jahren gewohnt, mehr oder weniger regelmäßig für längere Zeiträume auf Nahrung zu verzichten. Bis sich unsere Vorfahren niederließen, um Ackerbau und Viehzucht zu betreiben, standen keinesfalls jeden Tag üppige Mahlzeiten auf dem Tisch. Schon damals wechselten sich Zeiten, in denen es viel Nahrung gab, mit solchen Phasen ab, in denen die Jäger und Sammler nicht genügend Essen mit nach Hause brachten. Zwar waren diese Phasen damals nicht so streng getaktet wie beim Intervallfasten, die Veranlagung, den zeitweisen Nahrungsverzicht problemlos durchhalten zu können, scheint jedoch bis heute in unseren Genen zu stecken. Deshalb fällt es den meisten Einsteigern auch nicht schwer, sich ans intermittierende Fasten zu gewöhnen.

Vorteile des Intervallfastens

Wer die Vorteile des Intervallfastens lediglich auf eine mögliche Gewichtsreduktion beschränkt, wird dem Ernährungskonzept nicht gerecht: Wie zahlreiche Untersuchungen und Studien gezeigt haben, kann intermittierendes Fasten die Lebenserwartung verlängern, das Risiko für eine Vielzahl von Krankheiten senken und zu einem gesünderen und bewussteren Lebensstil führen. Was es dafür braucht, ist nur ein wenig Vorbereitung, Motivation und natürlich leckere Rezepte. Ob eine Beeren-Smoothie-Bowl zum Frühstück (siehe S. 20) oder eine herzhafte Rindfleischpfanne mit Brokkoli (siehe S. 94) zum Mittag- oder Abendessen – zum Glück ist die Auswahl gesunder und köstlicher Gerichte beim Intervallfasten groß.

Was passiert beim Intervallfasten im Körper?

Bei einer durchschnittlichen Ernährung – inklusive kleiner Snacks, Süßigkeiten und Fertigprodukte – gewinnt der Körper seine Energie vorrangig aus Kohlenhydraten, die er in gut verwertbare Glukose umwandelt. Das ist ein schnell ablaufender Prozess, weshalb Energie aus Nahrungskohlenhydraten praktisch sofort verfügbar ist. Die Glukose aus Kohlenhydraten, die gerade nicht als Energielieferant benötigt wird, kann der Körper zu einem bestimmten Teil in Form von Glykogen speichern. Sind die Glykogenspeicher voll, wird die Glukose als Fett in den Fettzellen gespeichert und dient so als Energiereserve. Dieser Vorgang, der langfristig zur Gewichtszunahme beiträgt, lässt sich durch zeitweises Fasten jedoch umkehren.

Autophagie und Krebserkrankungen

Häufig wird dem Fasten aufgrund der Autophagie (Zellreinigung und -regeneration) auch eine Wirkung in der Krebsprävention nachgesagt. Derartige Aussagen sind jedoch mit Vorsicht zu genießen: Zwar ist denkbar, dass die Autophagie unkontrollierte Zellmutationen bei gesunden Zellen verhindert, ebenso vorstellbar ist aber auch, dass der Prozess bereits bestehende Krebszellen stärkt. Insgesamt ist die medizinische Studienlage zu diesem Thema noch sehr dünn, weshalb das Heilfasten als Mittel gegen Krebs unbedingt mit Skepsis betrachtet werden sollte.

Denn wenn die Glykogenspeicher aufgebraucht sind, schaltet der Organismus vom Kohlenhydratstoffwechsel auf den Fettstoffwechsel um. Und erst wenn dieser aktiviert ist, beginnt der Körper, eingelagerte Fettdepots aufzubrauchen. Das Ergebnis: Die Pfunde purzeln. Zudem steht die aus Fett gewonnene Energie dem Körper deutlich länger zur Verfügung.

Intervallfasten und Autophagie

Ein weiterer wichtiger Prozess, der durch das intermittierende Fasten im Körper vorangetrieben wird, ist die Autophagie. Dahinter verbirgt sich eine Art Zellreinigungsprozess: Die Zellen bauen dabei sämtliche ihrer nicht mehr funktionsfähigen Bestandteile ab oder recyceln diese gewissermaßen und schaffen so die nötige Voraussetzung, um neue organische Strukturen entstehen zu lassen. Normalerweise ist die Autophagie ein automatischer Prozess, der jedoch besonders befeuert wird, wenn sich der Körper im Fastenmodus befindet. Die Autophagie ist wichtig für die ausgewogene Neuproduktion sowie den Abbau alter Zellen. Tatsächlich haben Mediziner inzwischen herausgefunden, dass eine eingeschränkte Autophagie sogar an der Entstehung von Krankheiten wie Morbus Crohn, Alzheimer oder Multipler Sklerose beteiligt sein kann.

Abnehmen durch Intervallfasten

Das Kurzzeitfasten wird vor allem gern als unkomplizierte Methode zur Gewichtsreduktion angewandt. Dafür gibt es mehrere Gründe: Zum einen sorgt die Einführung von Fastenphasen bei den meisten Menschen automatisch für eine Kalorienreduktion – ganz einfach deshalb, weil nicht mehr jederzeit gegessen wird. Darüber hinaus kurbelt das Intervallfasten die Fettverbrennung zur Energiegewinnung an und bringt damit bereits das eine oder andere Pfund zum Schmelzen.
Und zu guter Letzt: Wenn man sich mit intermittierendem Fasten und einer bewussten Ernährung auseinandersetzt, kann dies im Idealfall eine allgemeine Nahrungsumstellung bewirken. Anstatt eingesparte Kalorien in den Essensphasen mit Fast Food und Süßigkeiten wieder aufzunehmen, entscheiden sich viele Intervall-

faster für einen ausgewogeneren, gesünderen Speiseplan. Darin liegt langfristig der Schlüssel zum Wohlfühlgewicht und einem gesünderen Lebensstil. Leckere Gerichte wie im nachfolgenden Rezeptteil können diese Ernährungsumstellung erleichtern.

Weitere gute Gründe

Die Aussicht auf die Traumfigur ist jedoch nicht das Einzige, das für das Intervallfasten spricht. So konnten z. B. zahlreiche Studien an Mäusen und Ratten aufzeigen, dass das intermittierende Fasten einen positiven Effekt auf die Lebenserwartung haben kann. Die Nager, bei deren Ernährungsmodell sich Fasten- und Essensphasen abwechselten, lebten im Schnitt deutlich länger als Artgenossen, die ad libitum („nach Belieben") ernährt wurden.

Ähnliche Ergebnisse zeigen sich bei vielen chronischen Erkrankungen, von denen einige auch beim Menschen häufig vorkommen: Bluthochdruck, Typ-2-Diabetes, Rheuma oder Alzheimer. Diese sowie einige weitere Krankheiten traten bei den Nagetieren, deren Ernährung im Sinne des Intervallfastens beschränkt wurde, deutlich seltener auf. Inwiefern sich Ergebnisse, die aus Tierstudien gewonnen wurden, auf den Menschen übertragen lassen, muss allerdings stets gesondert überprüft werden. Bislang fällt die Studienlage, insbesondere in puncto Langzeitstudien, noch recht spärlich aus. Tatsächlich gibt es aber immer mehr Ärzte und medizinische Einrichtungen, die ihre Patienten bei verschiedenen Fastenmodellen betreuen. Viele davon berichten in diesem Zusammenhang nicht nur von positiven körperlichen Veränderungen, sondern geben auch an, sich insgesamt fitter und emotional ausgeglichener zu fühlen.

Für wen ist Intervallfasten geeignet?

Theoretisch ist Intervallfasten für (fast) jeden geeignet. Man muss sich nur für die richtige Variante entscheiden! Wer z. B. morgens nicht gern frühstückt, kann beim 16:8-Modell die erste Mahlzeit des Tages überspringen und dafür bis in den Abend hinein gesunde Mahlzeiten genießen. Gehen Sie abends häufig mit einem Völlegefühl oder Sodbrennen ins Bett, empfiehlt es sich eher, das Abendessen auszulassen. Das Intervallfasten kann zudem die ideale Ernährungsform für Sie sein, wenn Sie

gern Gewicht verlieren möchten, aber weder auf Genuss verzichten wollen, noch Lust auf Kalorienzählen haben. Denn beim Kurzzeitfasten können Sie essen, was Sie möchten. Selbst Burger und Schokoriegel sind erlaubt. Noch besser funktioniert die Gewichtsabnahme mit Intervallfasten aber natürlich, wenn Sie Ihren Speiseplan ein wenig umstellen. Versuchen Sie es doch zum Frühstück z. B. mal mit Low-Carb-Bananen-Pancakes (siehe S. 32) oder gönnen Sie sich zum Mittag kohlenhydratarme Zucchininudeln Bolognese (siehe S. 86). So verwöhnen Sie Ihren Gaumen mit kulinarischen Köstlichkeiten und kommen gleichzeitig in den Genuss einer gesunden, ausgewogenen Ernährung, mit der Sie sich fitter und energiegeladener fühlen.

Wann ist Vorsicht angeraten?

Mit dem richtigen Fastenmodell fällt es vielen Menschen leicht, das Kurzzeitfasten in ihren Alltag zu integrieren. Da es beim Intervallfasten in den Essensphasen keine Verbote gibt, ist auch ein geselliges Treffen mit Freunden, bei dem man ein wenig schlemmen darf, kein Problem. Zwar kommen die meisten Menschen auf Anhieb gut mit dem intermittierenden Fasten klar – dies gilt jedoch nicht für jeden. Wenn Sie z. B. bemerken, dass Sie das Kurzzeitfasten nicht gut mit Ihrem Alltag verbinden können oder Sie sich während der Fastenphasen schlapp und ausgelaugt fühlen, ist es ratsam, lieber die Finger davon zu lassen. Dasselbe gilt für Leistungssportler, Schwangere, stillende Mütter sowie Menschen mit einer Essstörung oder Untergewicht. Auch für Kinder im Wachstum, die einen erhöhten Bedarf an Nährstoffen haben, ist Fasten nicht empfehlenswert. Wer unter Problemen mit dem Blutdruck oder Diabetes leidet und entsprechende Medikamente einnehmen muss, sollte zudem alle Details rund ums Fasten unbedingt mit seinem behandelnden Arzt besprechen. So können z. B. mögliche Auswirkungen auf Blutzucker oder Blutdruck eine Anpassung der Medikamentendosis nötig machen.

Ohnehin ist es bei Vorerkrankungen sowie für ältere Menschen sinnvoll, sich vor und während des Intervallfastens regelmäßig ärztlich durchchecken zu lassen. So können Sie auf eventuelle Beschwerden sofort reagieren und erhalten einen Überblick über die Wirkung des Kurzzeitfastens auf Ihren Gesundheitszustand.

Verschiedene Methoden des Intervallfastens

Die Liste der unterschiedlichen Intervallfastenmethoden ist lang und klingt bisweilen kompliziert: 10-in-2, 6:1 oder 5:2 – auf den ersten Blick scheint es schwierig, bei den verschiedenen Modellen den Überblick zu behalten. Tatsächlich ist es – mit Blick auf die eigene Lebenssituation – aber recht leicht, die passende Intervallfastenmethode für sich zu finden. Hierbei gilt das bewährte Motto: Probieren geht über Studieren. Denn während der eine besser damit klarkommt, Frühstück oder Abendessen ausfallen zu lassen, legt der andere vielleicht lieber zwei Fastentage in der Woche ein. Ganz allgemein unterscheidet man bei den Methoden des Intervallfastens zwischen Modellen mit mehrstündigen Fastenintervallen pro Tag und Varianten mit Ganztagesfastenintervallen.

Mehrstündiges Fasten am Tag

Typische Fastenmethoden mit mehrstündigen Fastenintervallen sind beispielsweise das 18:6-Modell, das 16:8-Modell oder das 14:10-Modell. Die einfachste Variante ist jedoch das 12:12-Intervallfasten: Hierbei wird an zwölf Stunden pro Tag gegessen, während an den übrigen zwölf Stunden keine Nahrung aufgenommen wird.

Frühstückt man z. B. um 7 Uhr morgens, darf man bis 7 Uhr abends Mahlzeiten zu sich nehmen, optimalerweise gleichmäßig verteilt auf drei Mahlzeiten am Tag. Gerade für Einsteiger ist diese Balance zwischen Essens- und Fastenphasen gut geeignet und lässt sich hervorragend in den Alltag integrieren. Allerdings fallen die positiven Effekte hier aufgrund der kurzen Fastenzeit vergleichsweise gering aus. Deutlich mehr Ergebnisse erzielt man hingegen mit dem 14:10-Modell, bei dem das Fastenzeitfenster auf 14 Stunden am Tag ausgedehnt wird und die Mahlzeiten auf zehn Stunden verteilt werden. Auch diese Variante ist für Fastenanfänger gut geeignet, da man beispielsweise einfach das Frühstück ein wenig nach hinten verlegen kann.

Für die meisten Menschen die praktikabelste und gleichzeitig effektivste Intervallfastenmethode ist jedoch das 16:8-Modell. Bei dieser Variante umfasst die tägliche Fastenzeit 16 Stunden, während in den restlichen acht Stunden gegessen werden darf, worauf man Appetit hat. Wer hingegen nicht viel Wert auf das Abendessen legt, ist vielleicht mit der 18:6-Methode, auch als Dinner-Cancelling, gut beraten: Hier umfasst die tägliche Fastenzeit 18 Stunden, während man an sechs Stunden des Tages normal essen darf. Die letzte Mahlzeit am Tag fällt dann auf den späten Nachmittag. Idealerweise liegen bei diesen Fastenmodellen zwischen den einzelnen Mahlzeiten jeweils vier bis fünf Stunden, in denen man nichts isst. Denn Snacks zwischen den Hauptmahlzeiten beeinflussen den Blutzuckerspiegel und können so zu Heißhunger führen und den Fettabbau beeinträchtigen. Je nach Fastenmodell können sich daher die drei täglichen Hauptmahlzeiten auf zwei Mahlzeiten am Tag reduzieren.

Maßvoll essen

Besonders empfehlenswert sind während der Essensphasen gesunde Leckereien, mit denen das Durchhalten problemlos gelingt. Einige Beispiele hierfür finden Sie im nachfolgenden Rezeptteil. Wer möchte, kann aber auch mal „sündigen“ und sich in den Essensphasen ein Stück Pizza oder Kuchen gönnen. Wer abnehmen möchte, sollte jedoch darauf achten, seinem Körper während der Essensphasen nicht mehr Kalorien zuzuführen, als dieser verbraucht.

Ganztagesfasten

Die einfachste Variante des Ganztagesfastens dürfte wohl das 6:1-Modell sein: Hier wird an einem Tag pro Woche auf Nahrung verzichtet. Dabei raten viele Experten dazu, den Fastentag als 36-Stunden-Phase umzusetzen. Das bedeutet, dass der Fastentag beispielsweise am Montagabend nach dem Abendessen beginnt und zum Frühstück am Mittwochmorgen endet.

Deutlich schwieriger ist hingegen das 10-in-2-Modell, bei dem jeden zweiten Tag gefastet wird. Diese Methode ist auch unter der Bezeichnung „alternierendes Fasten“ bekannt. Dabei verteilt sich die Nahrungsaufnahme am Essenstag in der Regel auf zwölf Stunden, worauf eine 36-stündige Fastenphase folgt. Dieses Modell verspricht vor allem in puncto Gewichtsverlust schnelle Erfolge, lässt sich aber gerade zu Beginn oft nur schwer in den Alltag integrieren.

Wer z. B. körperlich arbeitet oder den ganzen Tag im Büro voll konzentriert sein muss, kann sich vielleicht eher mit dem 5:2-Modell anfreunden. Diese Variante empfiehlt zwei Fastentage pro Woche, an denen aber nicht komplett auf Essen verzichtet werden muss. Stattdessen sollten Frauen an den Fastentagen nicht mehr als 500 und Männer nicht mehr als 600 Kilokalorien zu sich nehmen.

Die richtige Ernährung

Intervallfasten ist so beliebt, weil es an den Essenstagen bzw. in den Zeitfenstern, in denen Sie Nahrung zu sich nehmen dürfen, praktisch keine Beschränkungen gibt. Wer großen Hunger oder Appetit auf Fast Food hat, muss sich also nicht zügeln, sondern kann seinen kulinarischen Gelüsten freien Lauf lassen – so sieht zumindest die Theorie aus. Nüchtern betrachtet, ist es natürlich nicht clever, sich den Bauch acht Stunden am Tag mit Pommes frites, Burgern oder Chips vollzuschlagen, um anschließend 16 Stunden lang komplett auf Nahrung zu verzichten. Auch beim Intervallfasten sollten Sie daher darauf achten, sich möglichst gesund, ausgewogen und vollwertig zu ernähren. Denn eine optimale Versorgung mit Nährstoffen, Ballaststoffen und Co. ist beim Intervallfasten besonders wichtig.

So klappt's mit dem Durchhalten

Damit das Intervallfasten Erfolg zeigt, Ihnen gut bekommt und sich gut durchhalten lässt, ist eine gesunde Lebensweise wichtig. Bewegen Sie sich daher ausgiebig an der frischen Luft, schlafen Sie ausreichend und denken Sie daran, genug zu trinken. Versuchen Sie zudem, nicht allzu viel über den Essensverzicht nachzudenken – dann werden Sie die Fastenphasen schnell als Bereicherung Ihres Alltags wahrnehmen und binnen kürzester Zeit Ihren eigenen Rhythmus finden.

Wichtige Nährstoffe

Entscheidend ist, dass Ihr Speiseplan alle wichtigen Makronährstoffe enthält: Kohlenhydrate, Fette und Eiweiße – und zwar in der jeweils bestmöglichen Form. Um den Bedarf an Kohlenhydraten zu decken, werden deshalb vor allem Lebensmittel mit komplexen Kohlenhydraten empfohlen: Gemüse, Vollkornbrot oder Hülsenfrüchte beispielsweise liefern viel Energie und machen lange satt. Sehr zuckerreiches Obst sowie zuckerhaltige Lebensmittel, Weißbrot und Co. sollten hingegen auch beim Intervallfasten nur in Maßen auf dem Speiseplan stehen, um den Blutzuckerspiegel konstant zu halten und Heißhunger zu vermeiden.
Bei den Fetten lohnt es sich, auf ungesättigte Fettsäuren zu setzen. Sie versorgen den Körper mit lebensnotwendigen, essenziellen Inhaltsstoffen und kommen beispielsweise in Samen, Nüssen, Fisch oder Rapsöl vor. Sparsam sollte man hingegen mit gesättigten Fettsäuren wie z. B. in Wurst sein. Eiweiß wiederum enthält wichtige Aminosäuren und ist für den Muskelaufbau wichtig. Zudem halten Proteine lange satt, weshalb Fisch und mageres Fleisch, Geflügel und Milchprodukte, aber auch pflanzliche Proteinquellen wie z. B. Hülsenfrüchte ein wesentlicher Bestandteil einer gesunden Ernährung beim Intervallfasten sind.

Richtig trinken

Vielen Menschen fällt es im Alltag schwer, ausreichend zu trinken: Pro Tag sollte man Experten zufolge mindestens 1,5 oder besser noch 2 Liter zu sich nehmen.

Menschen, die sich viel bewegen und Sport treiben, haben sogar einen noch höheren Flüssigkeitsbedarf. Beim Intervallfasten ist das Trinken umso wichtiger. Denn während feste Nahrung in den Fastenphasen tabu ist, kann eine ausreichende Trinkmenge z. B. dafür sorgen, dass man sich dennoch satt fühlt und kein Heißhunger entsteht.
Doch Vorsicht: Nicht jedes Getränk ist beim Intervallfasten erlaubt. Insbesondere in den Fastenphasen sollten Sie ausschließlich ungesüßte Getränke zu sich nehmen. Empfehlenswert sind beispielsweise Wasser, Tee sowie mit Kräutern oder Gewürzen versetztes Aromawasser. Als kleiner Appetitzügler zwischendurch kann auch eine fein gewürzte, jedoch nicht allzu stark gesalzene Brühe dienen. Nicht empfehlenswert sind hingegen Softdrinks, Fruchtsäfte oder Milch (auch Soja-, Hafer- oder Reismilch). Während der Essensphasen sind diese Getränke jedoch erlaubt. Gerade frisch gepresste Säfte liefern schließlich viele Vitamine und Nährstoffe, während Milch dem Körper Eiweiß sowie Mineralstoffe wie Kalzium und Co. zuführt. Wer möchte, kann seinen Appetit während der Essensphasen daher z. B. mit einem Smoothie, einem Chai mit Mandelmilch (siehe S. 152) oder einer Matcha Latte (siehe S. 160) zum Frühstück stillen oder den Kaffee mit Milch oder Sahne trinken.

Intervallfasten und gesunde Ernährungsformen

Kurzzeitfasten lässt sich perfekt mit anderen gesunden sowie gewichtsreduzierenden Ernährungsformen kombinieren. Daher ist es auch für Anhänger von Low Carb, Clean Eating, basischer sowie veganer oder vegetarischer Ernährung empfehlenswert. Allerdings sollten Sie stets darauf achten, alle ernährungsphysiologisch wichtigen Bausteine in Ihren Speiseplan zu integrieren.
Die Ideen im nachfolgenden Rezeptteil können Ihnen dabei helfen: Von einem gesunden veganen Frühstück über eine kohlenhydratarme Mittagsmahlzeit mit sättigenden tierischen Eiweißen bis hin zu basischen Suppen zur Stoffwechseloptimierung und entgiftenden Detox-Drinks ist alles dabei. Viel Spaß beim Entdecken und Genießen!

Frühstück

BEEREN-SMOOTHIE-BOWL

Zutaten für 2 Portionen

200 g gemischte Beeren (TK-Produkt), 1 Banane, 250 g Naturjoghurt oder Sojajoghurt, 4 EL kernige Haferflocken, 1 EL Agavendicksaft nach Belieben, 2 Kiwis, 2 Handvoll Blaubeeren, 2 EL zuckerfreies Granola, einige Minzeblätter zum Garnieren

Zubereitung *ca. 15 Min.*

Nährwertangaben

pro Portion: 385 kcal, 13 g Eiweiß, 6 g Fett, 63 g Kohlenhydrate

1. Beeren antauen lassen, Banane schälen und in Scheiben schneiden. Joghurt in einen Standmixer geben. Beeren, Banane und Haferflocken zugeben und Zutaten im Mixer sämig pürieren. Nach Belieben mit etwas Agavendicksaft süßen und Smoothie Bowl in Schälchen füllen.

2. Kiwis schälen und in Scheiben schneiden. Blaubeeren waschen, verlesen und trocken tupfen. Bowls mit Kiwischeiben, Blaubeeren und Granola toppen und mit gewaschener, trocken getupfter Minze servieren.

Tipp Für ein zuckerfreies Granola einige kernige Haferflocken sowie nach Belieben Nüsse und Kerne mit etwas zerlassenem Kokosöl und nach Belieben etwas Honig vermengen, auf ein mit Backpapier belegtes Backblech geben und im vorgeheizten Backofen bei 170 °C ca. 15 Minuten rösten. Nach der Hälfte der Röstzeit einmal durchmischen.

VOLLKORNKNÄCKE MIT GURKEN-QUARK

Zutaten für 2 Portionen

½ kleine Gurke, 150 g Magerquark, 1 TL fein gehackter Dill,
1 Prise Salz, frisch gemahlener Pfeffer,
etwas Milch nach Belieben, 4 Scheiben Vollkornknäckebrot,
einige Samen (z. B. Leinsamen, Sesam)
und Kräuter (z. B. Koriander) zum Garnieren

Zubereitung *ca. 10 Min.*

Nährwertangaben

pro Portion: 157 kcal,
13 g Eiweiß, 3 g Fett,
16 g Kohlenhydrate

1. Gurke waschen, trocken tupfen und grob raspeln. Mit Quark und Dill vermengen und mit Salz und Pfeffer abschmecken. Nach Belieben etwas Milch unterrühren, bis die gewünschte Konsistenz erreicht ist.

2. Knäckebrot mit Gurken-Quark bestreichen und mit Samen und gewaschenen, trocken getupften Kräutern bestreut servieren.

Tipp Knäckebrot zusätzlich mit einigen Gurken- oder Radieschenscheiben garnieren. Wer es lieber süß mag, bereitet einfach einen süßen Frühstücksquark mit pürierten Beeren, Pfirsichen oder Bananen zu.

AMARANT-PORRIDGE MIT ÄPFELN

Zutaten für 4 Portionen

200 g Amarant, 400 ml Hafermilch, 2 Äpfel, 1 kleines Stück Kurkumawurzel, 1 EL Kokosöl, 40 g gehackte Walnusskerne, etwas Zimt und Xylit zum Abschmecken, 50 g Mandeln, 50 g Leinsamen

Zubereitung *ca. 35 Min. + ca. 10 Min. Ruhezeit*

Nährwertangaben

pro Portion: 515 kcal, 15 g Eiweiß, 27 g Fett, 51 g Kohlenhydrate

1. Amarant unter fließendem Wasser abspülen. Mit Hafermilch aufkochen und bei geringer Hitze ca. 20–25 Minuten unter gelegentlichem Rühren köcheln lassen. Bei Bedarf noch etwas Flüssigkeit zufügen. Porridge vom Herd nehmen und ca. 5–10 Minuten ziehen lassen.

2. Äpfel schälen, entkernen und 1 Apfel fein raspeln. Restlichen Apfel in dünne Spalten schneiden. Kurkuma schälen und fein hacken. Kokosöl erhitzen und Walnüsse, geraspelten Apfel und Kurkuma darin unter Rühren leicht anrösten.

3. Porridge und Apfelmischung mit Zimt und Xylit abschmecken und in Schälchen anrichten. Mit Mandeln, Leinsamen und Apfelspalten angerichtet servieren.

TOMATEN-BOHNEN-OMELETTE

Zutaten für 2 Portionen

200 g weiße Bohnen (aus der Dose), 150 g Cocktailtomaten, 1 Zwiebel, etwas Pflanzenöl, Salz, frisch gemahlener Pfeffer, 1 Prise gemahlener Kreuzkümmel, 4 Eier, 1 EL geriebener Parmesan, 1 Handvoll Spinat, einige Basilikumblätter zum Garnieren

Zubereitung *ca. 25 Min.*

Nährwertangaben

pro Portion: 329 kcal, 24 g Eiweiß, 18 g Fett, 16 g Kohlenhydrate

1. Bohnen in ein Sieb geben, mit kaltem Wasser abspülen und abtropfen lassen. Tomaten waschen, trocken tupfen und halbieren. Zwiebel schälen und fein würfeln. Etwas Öl erhitzen und Tomaten und Zwiebel unter Rühren einige Minuten darin anbraten. Bohnen zugeben und ca. 2 Minuten mitbraten. Vom Herd nehmen und mit Salz, Pfeffer und Kreuzkümmel abschmecken.

2. Eier mit etwas Salz und Parmesan verschlagen. Etwas Öl erhitzen und Hälfte der Eiermasse in die Pfanne geben. Eiermasse bei geringer Hitze langsam stocken lassen, bis die Unterseite leicht gebräunt ist. Andere Hälfte ebenso ausbacken.

3. Omelettes jeweils auf Teller gleiten lassen, Bohnen-Tomaten-Mischung zugeben, Omelettes zusammenklappen und mit gewaschenem, trocken getupftem Spinat und Basilikum garniert servieren.

Tipp Statt Spinat können Sie auch Rauke verwenden. Für Kräuter-Omelettes geben Sie zusätzlich 2 Esslöffel gemischte, gehackte Kräuter zur Eiermasse.

HÜTTENKÄSE MIT SOJA-JOGHURT UND BEEREN

Zutaten für 2 Portionen

125 g Erdbeeren,
200 g Sojajoghurt,
200 g Hüttenkäse,
1 Spritzer Zitronensaft

Zubereitung *ca. 10 Min.*

Nährwertangaben

pro Portion: 166 kcal,
17 g Eiweiß, 7 g Fett,
6 g Kohlenhydrate

1. Erdbeeren putzen, waschen und trocken tupfen. Je nach Größe halbieren oder vierteln. Sojajoghurt, Hüttenkäse und Zitronensaft verrühren und Mischung in zwei Schüsseln oder Dessertgläser füllen. Erdbeeren darauf anrichten und sofort servieren.

Tipp Nach Belieben mit etwas Xylit süßen. Statt Sojajoghurt können Sie auch Naturjoghurt verwenden. Verfeinern Sie das schnelle Frühstück, indem Sie kernige Haferflocken, Chia-Samen oder gehackte Nüsse unterrühren. Haben Erdbeeren gerade keine Saison, schmeckt die Joghurt-Mischung auch mit ungezuckertem Apfelmus und einer guten Prise Zimt.

CHIA-PROTEIN-MÜSLI MIT FRÜCHTEN

Zutaten für 2 Portionen

8 EL zarte Haferflocken, 4 EL Chia-Samen, 2 EL Vanille-Proteinpulver, 300 ml Mandelmilch, 1 Banane, 1 Kiwi, 2 Handvoll Brombeeren, 2 Handvoll Erdbeeren, einige Kürbiskerne, Mandeln und Minzeblätter zum Garnieren

Zubereitung *ca. 10 Min. + ca. 15 Min. Ruhezeit*

Nährwertangaben

pro Portion: 461 kcal, 22 g Eiweiß, 15 g Fett, 49 g Kohlenhydrate

1. Haferflocken, Chia-Samen und Proteinpulver mischen, mit 400 Milliliter kochendem Wasser übergießen und ca. 15 Minuten quellen lassen. Mandelmilch zugeben und unterrühren.

2. Banane und Kiwi schälen und in Scheiben schneiden, Beeren waschen und trocken tupfen. Müsli auf zwei Schüsseln verteilen und mit Banane, Kiwi, Beeren, Kürbiskernen, Mandeln und gewaschener, trocken getupfter Minze toppen. Sofort servieren.

Tipp Anstelle von Mandelmilch können Sie auch Hafer- oder Buttermilch verwenden. Letztere verleiht dem Müsli eine fein-säuerliche Note.

LOW-CARB-BANANEN-PANCAKES

Zutaten für 4 Portionen

6 Bananen, 8 Eier, ½ TL Backpulver, etwas Zimt, etwas Butter oder Pflanzenöl zum Ausbacken, etwas Honig oder Agavendicksaft zum Beträufeln, einige grob gehackte Walnusskerne zum Garnieren

Zubereitung *ca. 20 Min.*

Nährwertangaben

pro Portion: 433 kcal, 16 g Eiweiß, 17 g Fett, 50 g Kohlenhydrate

1. Bananen schälen, 2 Bananen in Scheiben schneiden und bis zum Servieren beiseitestellen. Restliche Bananen mit einer Gabel gut zerdrücken. Bananenmus mit Eiern vermengen, bis eine homogene Masse entsteht. Backpulver und Zimt gründlich untermischen.

2. Butter oder Öl erhitzen und Teigmasse portionsweise zu kleinen Pfannkuchen ausbacken. Pfannkuchen auf Tellern anrichten, mit Honig oder Agavendicksaft beträufeln, mit Bananenscheiben belegen und mit gehackten Nüssen garniert servieren.

Tipp Je nach Geschmack können Sie die Bananen-Pancakes auch mit anderem Obst wie z. B. frischen Beeren belegen. Auch mit stückigem Apfelmus schmecken sie sehr gut.

Gesunde Frühstücksbrote

Brote gehören für viele zum Frühstück dazu. Beim Intervallfasten müssen Sie darauf auch nicht verzichten, schließlich halten die enthaltenen Kohlenhydrate den Serotoninspiegel konstant und verhindern Stimmungstiefs und Heißhunger. Allerdings sollten es die richtigen sein!

1 **Vollkornbrot:** Wählen Sie bei Brot, Brötchen und Co. statt der Weizenmehl- lieber die Vollkornvariante. Anders als beim Weizenmehl halten die enthaltenen langkettigen Kohlenhydrate den Blutzuckerspiegel lange konstant und sorgen für eine längere Sättigung.

2 **Schwarzbrot:** Pumpernickel und Co. haben einen hohen Vollkornanteil und liefern wichtige Vitalstoffe. Da bei der Verarbeitung auch die Randschichten des Korns verwendet werden, stecken sie voller wertvoller Spurenelemente wie Magnesium, Kupfer und Eisen sowie Vitamine wie B-Vitamine und Vitamin E.

3

Roggenbrot: Auch Roggenbrot sättigt und schützt vor Heißhunger. Bis zu acht Stunden bleibt man wegen der besonderen Zusammensetzung und hohen Konzentration der Ballaststoffe nach dem Genuss satt. Zudem wirkt sich ballaststoffreiches Brot positiv auf Blutzucker- und Cholesterinwerte aus.

4

Eiweißbrot: Diese sättigenden Brote haben weniger Kohlenhydrate und dafür mehr Eiweiß. Zum Einsatz kommen z. B. Soja-, Erbsen- oder Lupineneiweiß, Leinsamen und Sonnenblumenkerne. Im Vergleich zu Vollkornbrot liefern sie gesunde Omega-3-Fettsäuren.

5

Knäckebrot: Es ist ballaststoffreich, verdauungsanregend und kalorienarm. In der Regel wird es aus Roggen- oder Vollkornmehl hergestellt und versorgt uns so mit Vitaminen und Mineralien. Da viele Knäckebrote auch oder nur Weißmehle enthalten, beim Kauf auf die Zutatenliste achten!

VOLLKORN-BAGELS MIT PUTENBRUST

Zutaten für 2 Portionen

2 Vollkornbagels, 4 EL Magerquark,
4 Blätter Salat (z. B. Romanasalat),
1 rote Zwiebel, 2 große Tomaten, 2 Scheiben Käse,
6 Scheiben Putenbrustaufschnitt

Zubereitung *ca. 15 Min.*

Nährwertangaben

pro Portion: 579 kcal,
57 g Eiweiß, 14 g Fett,
59 g Kohlenhydrate

1. Bagels mit einem scharfen Messer durchschneiden und Hälften jeweils mit 1 Esslöffel Quark bestreichen.

2. Salat waschen und trocken tupfen, Zwiebel schälen und in Ringe schneiden. Tomaten waschen, putzen, trocken tupfen und in Scheiben schneiden.

3. Jeweils 1 Salatblatt auf die unteren Bagelhälften legen. Mit Käse, Putenbrust, Tomaten, Zwiebel und je 1 weiteren Salatblatt belegen. Obere Hälften darauflegen, etwas andrücken und sofort servieren.

Tipp Statt mit Quark können Sie die Bagels auch mit Kräuterfrischkäse bestreichen, anstelle von Putenbrustaufschnitt schmeckt auch Schweinebratenaufschnitt.

PUDDING OATS

Zutaten für 2 Portionen

500 ml Mandelmilch, 2 Pck. Vanille-Puddingpulver, 100 g fein gemahlene Haferflocken, 400 g Magerquark oder Skyr, etwas Xylit zum Süßen, einige Himbeeren zum Garnieren

Zubereitung *ca. 20 Min.*

Nährwertangaben

pro Portion: 490 kcal, 32 g Eiweiß, 7 g Fett, 70 g Kohlenhydrate

1. Mandelmilch und 500 Milliliter Wasser in einen Topf geben. Einige Esslöffel abnehmen und Puddingpulver damit klümpchenfrei anrühren.

2. Restliche Wasser-Mandelmilch-Mischung zum Kochen bringen. Gemahlene Haferflocken unterrühren, angerührtes Puddingpulver zugeben und ebenfalls gut unterrühren. Mischung kurz aufkochen lassen und vom Herd nehmen.

3. Magerquark oder Skyr unterrühren und Mischung mit Xylit abschmecken. Pudding in zwei Schüsseln portionieren und kalt stellen. Mit gewaschenen, trocken getupften Himbeeren garniert servieren.

Tipp Alternativ können Sie die Pudding Oats auch nur leicht abkühlen lassen und noch warm genießen. Das Puddingpulver lässt sich je nach Geschmack variieren: Sehr lecker schmecken die Oats auch mit Karamell- oder Schokopuddingpulver.

GURKENBROT MIT KRABBEN

Zutaten für 2 Portionen

2 kleine Gurken, 200 g Magerquark, etwas Mineralwasser, Salz, frisch gemahlener Pfeffer, 1 EL fein gehackter Dill, 1 TL geriebener Meerrettich, 2 Scheiben Mehrkorn- oder Schwarzbrot, 200 g küchenfertige Nordseekrabben

Zubereitung *ca. 10 Min.*

Nährwertangaben

pro Portion: 291 kcal, 36 g Eiweiß, 3 g Fett, 25 g Kohlenhydrate

1. Gurken waschen und trocken tupfen. 1 Gurke in feine Würfel, die andere in Scheiben schneiden.

2. Magerquark mit Mineralwasser cremig rühren. Mit Salz und Pfeffer würzen. Dill und Meerrettich unterrühren. Gurkenwürfel untermischen.

3. Gurkencreme auf den Brotscheiben verstreichen. Gurkenscheiben und Krabben darauf verteilen und servieren.

Tipp Statt mit Gurken können Sie die Creme auch mit einem Bund Radieschen zubereiten.

BROT MIT THUNFISCH UND GUACAMOLE

Zutaten für 2 Portionen

1–2 Avocados, 1 TL Limettensaft,
Salz, frisch gemahlener Pfeffer,
2 Knoblauchzehen,
1 Dose Thunfisch im eigenen Saft,
2 Scheiben Roggenbrot

Zubereitung *ca. 10 Min.*

Nährwertangaben

pro Portion: 591 kcal,
27 g Eiweiß, 38 g Fett,
23 g Kohlenhydrate

1. Avocados halbieren, entsteinen und schälen. Fruchtfleisch in einem Standmixer cremig pürieren und mit Limettensaft, Salz und Pfeffer abschmecken. Knoblauch schälen, fein hacken und unter das Avocadopüree rühren.

2. Thunfisch in ein Sieb geben, abtropfen lassen und grob zerpflücken. Brote mit Guacamole bestreichen und Thunfisch darauf verteilen. Sofort servieren.

Info Avocados punkten mit wertvollen Inhaltsstoffen. U. a. enthalten sie reichlich ungesättigte Fettsäuren, Proteine und wertvolle Vitamine wie A und E. Zudem gehören sie zu den kohlenhydratärmsten Früchten der Welt.

BROKKOLI-EIER-MUFFINS

Zutaten für 6 Portionen

500 g Brokkoli, Salz, 1 Zwiebel, 2 Eier, 1 Scheibe Vollkorntoast, 50 g geriebener Cheddar, 4 EL Naturjoghurt, 1 TL Senf, frisch gemahlener Pfeffer, etwas Fett für die Muffinform

Zubereitung *ca. 15 Min. + ca. 25 Min. Backzeit*

Nährwertangaben

pro Portion: 120 kcal,
9 g Eiweiß, 6 g Fett,
7 g Kohlenhydrate

1. Backofen auf 180 °C (Umluft: 160 °C) vorheizen. Brokkoli putzen, waschen und in Röschen teilen. In kochendem Salzwasser ca. 5 Minuten bissfest kochen, in ein Sieb abgießen und abtropfen lassen. Brokkoli grob zerkleinern. Zwiebel schälen und fein hacken.

2. Eier verschlagen, Toast in kleine Stücke zupfen und gut unterrühren, bis sich das Toastbrot vollgesogen hat.

3. Cheddar und Zwiebel mit Joghurt, Senf sowie etwas Salz und Pfeffer verrühren. Brokkoli und Eiermischung zufügen und alles zu einer homogenen Masse verrühren. Teig in die gefetteten Mulden einer Muffinform verteilen und im vorgeheizten Backofen ca. 25 Minuten backen. Muffins aus der Form lösen und noch warm servieren.

Tipp Wer möchte, kann zusätzlich Schinkenwürfel und fein gehackte Kräuter zur Masse geben. Statt Brokkoli können Sie auch gewürfelte Paprikaschoten verwenden.

Suppen und Salate

MÖHREN-FASTENBRÜHE

Zutaten für 4 Portionen

300 g Möhren, 200 g Knollensellerie,
2 TL Gemüsebrühepulver,
1 Prise Meersalz, etwas frisch geriebener Muskat,
4 TL Hefeflocken

Zubereitung *ca. 35 Min.*

Nährwertangaben

pro Portion: 55 kcal,
3 g Eiweiß, 0 g Fett,
6 g Kohlenhydrate

1. Möhren putzen, waschen, trocken tupfen und in Würfel schneiden. Sellerie schälen und würfeln. Gemüse mit 1 Liter Wasser aufkochen lassen.

2. Brühepulver unterrühren und Mischung ca. 20 Minuten köcheln lassen, bis das Gemüse weich ist.

3. Brühe durch ein Sieb passieren und mit Meersalz und Muskat abschmecken. Mit Hefeflocken bestreut servieren.

Tipp Die Möhrenbrühe können Sie auf Vorrat herstellen und in Saftflaschen oder Gläser mit Schraubverschluss abfüllen. Im Kühlschrank hält sich die Gemüsebrühe gut verschlossen bis zu 1 Woche. Hefeflocken sind äußerst gesund, denn die Flocken haben einen sehr hohen Gehalt an Vitamin B1, B2, B6 sowie Folsäure. Hefeflocken niemals mitköcheln, damit sie ihre gesunden Inhaltsstoffe nicht verlieren.

GRÜNE DETOX-SUPPE „AVOCADO-SPINAT“

Zutaten für 4 Portionen

600 g Spinat, ½ Avocado, 1 Stange Lauch, ¼ Sellerieknolle, 1 Knoblauchzehe, 2 EL Olivenöl, 1 TL Senfkörner, Saft und abgeriebene Schale von ½ unbehandelten Zitrone, 700 ml Gemüsebrühe, Salz, frisch gemahlener Pfeffer, etwas frisch geriebener Muskat, einige Petersilienblätter und einige Samen oder Kerne zum Garnieren

Zubereitung *ca. 35 Min.*

Nährwertangaben

pro Portion: 54 kcal,
9 g Eiweiß, 13 g Fett,
6 g Kohlenhydrate

1. Spinat waschen und trocken tupfen. Avocado entsteinen, schälen und grob zerkleinern. Lauch putzen, waschen, trocken tupfen und in Scheiben schneiden, Sellerie schälen und würfeln. Knoblauch schälen und fein hacken.

2. Öl erhitzen und Senfkörner, Knoblauch, Zitronenschale, Sellerie und Lauch darin unter Rühren einige Minuten andünsten. Gemüsebrühe zugeben, alles zum Kochen bringen und ca. 10 Minuten köcheln lassen. Spinat zugeben und alles aufkochen lassen, bis der Spinat zusammenfällt.

3. Avocado zugeben und Suppe im Standmixer pürieren. Mit Salz, Pfeffer, Muskat und Zitronensaft abschmecken. In Suppenschüsseln füllen und mit gewaschener, trocken getupfter Petersilie und Samen oder Kernen garniert servieren.

Tipp Sie können die Suppe auch mit einer Mischung aus Spinatblättern, Rauke und Feldsalat zubereiten oder einen anderen grünen Blattsalat bzw. Kräuter verwenden. Diese dann ebenfalls nur kurz in der heißen Suppe zusammenfallen lassen.

PASTINAKEN-BIRNEN-SUPPE

Zutaten für 4 Portionen

500 g Pastinaken, 2 reife Birnen, ½ Sellerieknolle,
1 EL Pflanzenöl, 1 l Gemüsebrühe,
Salz, frisch gemahlener Pfeffer, 1 Prise Garam Masala,
getrocknete Kräuter (z. B. Oregano) zum Garnieren

Zubereitung *ca. 40 Min.*

Nährwertangaben

pro Portion: 156 kcal,
4 g Eiweiß, 5 g Fett,
26 g Kohlenhydrate

1. Pastinaken putzen, schälen und grob zerkleinern. Birnen schälen, entkernen und grob würfeln. Sellerie schälen und in kleine Würfel schneiden.

2. Öl erhitzen und Pastinaken, Birnen und Sellerie ca. 2 Minuten darin unter Rühren andünsten. Gemüsebrühe zugießen, alles aufkochen und ca. 20 Minuten köcheln lassen. Suppe mit dem Stabmixer fein pürieren. Mit Salz, Pfeffer und Garam Masala abschmecken. Suppe in Schalen oder tiefen Tellern anrichten und mit getrockneten Kräutern garniert servieren.

Tipp Zum Servieren nach Belieben mit zerlassener Butter oder einem Klecks Crème fraîche beträufeln. Auch mit in etwas Butter gebratenen Champignons können Sie die Suppe verfeinern.

„SCHLANKE“ KOHLSUPPE

Zutaten für 2 Portionen

2 Knoblauchzehen, 1 Zwiebel, 75 g Knollensellerie, 1 Kartoffel, 75 g Lauch, 500 g Weißkohl, etwas Olivenöl, 750 ml Gemüsebrühe, 1 TL Kurkuma, frisch gemahlener Pfeffer, Salz, etwas grob gehackte Petersilie zum Garnieren

Zubereitung *ca. 50 Min.*

Nährwertangaben

pro Portion: 193 kcal, 8 g Eiweiß, 9 g Fett, 23 g Kohlenhydrate

1. Knoblauch und Zwiebel schälen und fein hacken. Sellerie und Kartoffel schälen und in feine Würfel schneiden. Lauch und Kohl putzen, waschen, trocken tupfen und fein schneiden.

2. Öl erhitzen und Zwiebel und Knoblauch darin anschwitzen. Brühe zugießen und mit Kurkuma und Pfeffer würzen.

3. Sellerie, Kartoffel, Lauch und Kohl zugeben und alles ca. 30–40 Minuten bei geringer Hitze köcheln lassen. Mit Pfeffer und Salz abschmecken und mit gehackter Petersilie garniert servieren.

Tipp Nach Belieben können Sie die Suppe zusätzlich mit ein bis zwei Möhren verfeinern und mit Paprikawürfeln oder Frühlingszwiebelgrün toppen.

BASISCHE MEERRETTICH-KRESSE-SUPPE

Zutaten für 2 Portionen

3 Kartoffeln, 1 Zwiebel, 2 Pck. Kresse, 2 EL Pflanzenöl, etwas Meersalz, Saft und abgeriebene Schale von ½ unbehandelten Orange, 1 Prise Kurkumapulver, 2–3 EL frisch geriebener Meerrettich, etwas frisch geriebener Muskat

Zubereitung *ca. 35 Min.*

Nährwertangaben

pro Portion: 232 kcal,
6 g Eiweiß, 10 g Fett,
26 g Kohlenhydrate

1. Kartoffeln und Zwiebel schälen. Kartoffeln würfeln und Zwiebel fein hacken. Kresse abzupfen. Öl erhitzen und Zwiebel und Kartoffeln einige Minuten unter Rühren darin anschwitzen.

2. Mit Meersalz und Orangensaft würzen, 500 Milliliter Wasser zugießen und alles zum Kochen bringen. Ca. 15 Minuten bei geringer Hitze köcheln lassen.

3. Suppe im Standmixer pürieren und mit Kurkuma, Meerrettich und Muskat abschmecken. Kresse unterrühren. In Suppentellern anrichten und mit Orangenschale garniert servieren.

Tipp Da die Senföle im Meerrettich einem beim Reiben schon einmal die Tränen in die Augen treiben können, die geschälte Wurzel am besten in der Küchenmaschine oder im Standmixer zerkleinern.

KALTE MANGO-GURKEN-SUPPE

Zutaten für 2 Portionen

1 Mango, 1 Gurke, 3 Stängel Basilikum, Saft von ½ Zitrone, 2 EL Olivenöl, 1 Prise Salz, frisch gemahlener Pfeffer

Zubereitung *ca. 10 Min.*

Nährwertangaben

pro Portion: 187 kcal, 2 g Eiweiß, 10 g Fett, 17 g Kohlenhydrate

1. Mango halbieren, entsteinen und schälen. Fruchtfleisch grob zerkleinern und in einen Standmixer geben. Gurke schälen, längs halbieren, entkernen und grob zerkleinern. Mit in den Standmixer geben.

2. Basilikum waschen, trocken schütteln, Blätter abzupfen und zufügen. Zitronensaft und Öl zufügen und Zutaten im Mixer fein pürieren. Mit Salz und Pfeffer abschmecken und bis zum Servieren kalt stellen.

Tipp Nach Belieben mit fein gehobelten Gurkenscheiben und gewaschenen, trocken getupften Zitronenmelisseblättern garnieren. Wer es hingegen etwas schärfer mag, gibt zusätzlich einige Radieschen mit hinzu.

KOHLRABISUPPE MIT MÖHREN

Zutaten für 4 Portionen

500 g Kohlrabi (mit Grün),
4 Möhren, 1 Zwiebel,
1 Stück Kurkumawurzel,
2 EL Pflanzenöl, 1 l Gemüsebrühe,
Salz, frisch gemahlener Pfeffer

Zubereitung *ca. 35 Min.*

Nährwertangaben

pro Portion: 128 kcal,
5 g Eiweiß, 7 g Fett,
13 g Kohlenhydrate

1. Kohlrabi, Möhren und Zwiebel schälen. Kohlrabi in mundgerechte Stücke, Möhren in Stifte oder Scheiben schneiden. Zwiebel würfeln.

2. Einige Kohlrabiblätter waschen, trocken tupfen und klein schneiden. Kurkuma schälen und fein reiben.

3. Öl erhitzen und Zwiebel ca. 1 Minute darin anschwitzen. Kohlrabi, Möhren und Kurkuma zugeben und ca. 1–2 Minuten mitdünsten.

4. Gemüsebrühe zufügen, Suppe mit Salz und Pfeffer abschmecken und aufkochen lassen. Ca. 15 Minuten unter gelegentlichem Rühren köcheln lassen. Kohlrabigrün zufügen und kurz in der Suppe erwärmen. Suppe in Suppentellern anrichten und heiß servieren.

ROTKOHLSALAT MIT BLAUBEEREN

Zutaten für 4 Portionen

500 g Rotkohl, 1 TL Salz, 1 Apfel, 100 g Blaubeeren,
2 EL Apfelessig, 2 EL Zitronensaft,
4 EL Apfelsaft, 1 EL Ahornsirup, frisch gemahlener Pfeffer,
1 Prise Zimt, 2 EL Rapsöl, 1 Handvoll Kürbiskerne

Zubereitung *ca. 20 Min. + ca. 20 Min. Ruhezeit*

Nährwertangaben

pro Portion: 144 kcal,
4 g Eiweiß, 8 g Fett,
14 g Kohlenhydrate

1. Kohl putzen, waschen, trocken tupfen und Strunk entfernen. Kohl in feine Streifen hobeln, mit Salz mischen und ca. 20 Minuten ziehen lassen. Dabei gelegentlich umrühren.

2. Apfel waschen, trocken tupfen, entkernen und in Spalten oder Streifen schneiden, Blaubeeren waschen, verlesen und trocken tupfen.

3. Essig, Zitronensaft, Apfelsaft, Ahornsirup, etwas Pfeffer, Zimt und Öl zu einer Vinaigrette verrühren. Rotkohl mit Vinaigrette, Apfel und Beeren mischen. Salat auf Salattellern portionieren und mit Kürbiskernen garniert servieren.

Tipp Statt mit Apfel und Blaubeeren schmeckt der Salat auch sehr gut mit Orangenfilets. Statt Apfelsaft in diesem Fall Orangensaft für die Vinaigrette verwenden.

SÜSSKARTOFFELSALAT MIT SPINAT UND FETA

Zutaten für 2 Portionen

250 g Süßkartoffeln, Salz, frisch gemahlener Pfeffer,
1 EL Olivenöl, 100 g Spinat, 100 g Feta,
50 g grob gehackte Haselnüsse, 2 EL Apfelessig,
2 EL Nussöl, 1 TL Honig

Zubereitung *ca. 15 Min. + ca. 20 Min. Backzeit*

Nährwertangaben

pro Portion: 532 kcal,
15 g Eiweiß, 39 g Fett,
31 g Kohlenhydrate

1. Backofen auf 200 °C (Umluft: 180 °C) vorheizen. Süßkartoffeln schälen und in Würfel schneiden. Auf ein mit Backpapier belegtes Backblech geben, mit Salz und Pfeffer würzen und mit Olivenöl beträufeln. Ca. 20 Minuten im vorgeheizten Backofen garen, dabei einmal wenden.

2. Spinat waschen und trocken tupfen. Feta zerbröseln. Haselnüsse ohne Fettzugabe ca. 2–3 Minuten anrösten.

3. Essig, Nussöl und Honig verrühren und mit Salz und Pfeffer würzen. Süßkartoffeln, Spinat, Feta und Nüsse mit der Vinaigrette vermischen und Salat auf Tellern portioniert servieren.

Tipp Nur die Hälfte der Süßkartoffeln verwenden und stattdessen 150 Gramm klein geschnittene, gebratene Champignons und zwei Esslöffel gehackte Petersilie zugeben.

GEMÜSE-BULGUR-SALAT

Zutaten für 4 Portionen

200 g Bulgur, 400 ml Gemüsebrühe, 1 rote Paprikaschote, 1 gelbe Paprikaschote, 2 Schalotten, 2 Tomaten, 1 Bund Petersilie, 150 g Mais (aus der Dose), 4 EL Zitronensaft, Salz, frisch gemahlener Pfeffer, etwas gemahlener Kreuzkümmel, 6 EL Olivenöl, 2 Pfirsiche oder Aprikosen zum Garnieren

Zubereitung *ca. 35 Min.*

Nährwertangaben

pro Portion: 399 kcal, 10 g Eiweiß, 16 g Fett, 50 g Kohlenhydrate

1. Bulgur ohne Fettzugabe ca. 1 Minute anrösten, Brühe zugießen, aufkochen und bei geringer Hitze zugedeckt ca. 12 Minuten quellen lassen. Bulgur abkühlen lassen. Dabei mehrmals umrühren.

2. Paprikas waschen, trocken tupfen, entkernen und in kleine Würfel schneiden. Schalotten schälen und fein hacken. Tomaten waschen, putzen, trocken tupfen und fein würfeln. Petersilie waschen, trocken schütteln, Blätter abzupfen und grob hacken. Mais in einem Sieb abtropfen lassen.

3. Bulgur mit Paprikas, Schalotten, Tomaten, Petersilie und Mais mischen. Zitronensaft mit etwas Salz und Pfeffer, Kreuzkümmel und Olivenöl verschlagen und Salat mit der Vinaigrette vermischen.

4. Pfirsiche oder Aprikosen häuten, entsteinen und in Spalten schneiden. Salat auf Salattellern portionieren und mit Pfirsichen oder Aprikosen angerichtet servieren.

Superfoods

Lebensmittel, die viele wertvolle Inhaltsstoffe haben, sind gerade dann eine gute Ergänzung auf dem Speiseplan, wenn man während der Essensphasen beim Intervallfasten auf ein Plus an gesunden Nährstoffen setzen möchte. Hier einige Beipiele.

Quinoa

Besonders für Veganer ist das eisenreiche, glutenfreie Pseudogetreide eine tolle Proteinquelle. Aufgrund seiner hohen biologischen Wertigkeit kann der Körper das enthaltene Eiweiß gut in körpereigenes Protein umwandeln. Gute Alternativen sind Hirse und Hafer.

Avocados

Die Avocado punktet mit ihrem hohen Gehalt an ungesättigten Fettsäuren, die gut für das Herz-Kreislauf-System sind. Einen noch höheren Gehalt an mehrfach ungesättigten Fettsäuren haben z. B. Walnüsse.

Chia-Samen

Mit einem hohen Ballaststoffgehalt sind Chia-Samen sehr sättigend und daher gut für das Intervallfasten geeignet. Zudem enthalten sie viele Proteine und Omega-3-Fettsäuren. Noch mehr davon findet sich in Leinsamen.

Kurkuma

Die gelbe Knolle und das daraus gewonnene Pulver wirken entzündungshemmend, verdauungsfördernd und kurbeln die Fettverbrennung an. Ihre Inhaltsstoffe wirken entgiftend und reduzieren Völlegefühle. Wer es etwas schärfer mag, verwendet Ingwer oder Meerrettich als Schlankmacher.

QUINOASALAT MIT BOHNEN UND MAIS

Zutaten für 4 Portionen

100 g Quinoa, 200 ml Gemüsebrühe, 250 g Kidneybohnen (aus der Dose), 150 g Mais (aus der Dose), 2 rote Zwiebeln, 1 Avocado, 5 EL Olivenöl, 4 EL Zitronensaft, 1 EL Balsamico, Salz, frisch gemahlener Pfeffer, 1 EL grob gehackter Koriander

Zubereitung *ca. 30 Min. + ca. 15 Min. Ruhezeit*

Nährwertangaben

pro Portion: 415 kcal, 11 g Eiweiß, 24 g Fett, 32 g Kohlenhydrate

1. Quinoa ohne Fettzugabe ca. 1 Minute anrösten, Brühe zugießen, aufkochen und bei geringer Hitze zugedeckt ca. 12 Minuten quellen lassen. Quinoa abkühlen lassen und mit einer Gabel auflockern.

2. Bohnen und Mais in ein Sieb geben, mit kaltem Wasser abspülen und abtropfen lassen. Zwiebeln schälen und würfeln oder in Ringe schneiden. Avocado entsteinen, schälen und in mundgerechte Stücke schneiden.

3. Olivenöl mit Zitronensaft, Balsamico, Salz, Pfeffer und Koriander verrühren. Quinoa, Bohnen, Mais, Zwiebeln und Avocado mischen, Vinaigrette zugeben und alles gut vermengen. Ca. 15 Minuten ziehen lassen und in Salattellern oder -schüsseln angerichtet servieren.

LINSENSALAT MIT SOJADRESSING

Zutaten für 4 Portionen

200 g Belugalinsen, Salz, 4 Möhren, 1 rote Zwiebel, 1 Apfel, 4 EL Sojasoße, 3 EL Olivenöl, 1 EL Nussöl, frisch gemahlener Pfeffer, einige Petersilienblätter zum Garnieren

Zubereitung *ca. 30 Min. + ca. 15 Min. Ruhezeit*

Nährwertangaben

pro Portion: 317 kcal, 15 g Eiweiß, 11 g Fett, 32 g Kohlenhydrate

1. Belugalinsen ca. 20 Minuten nach Packungsanweisung garen. In ein Sieb geben, abtropfen lassen und mit etwas Salz würzen.

2. Möhren schälen und längs in dünne Streifen hobeln. Zwiebel schälen und in Ringe schneiden. Apfel waschen, trocken tupfen, entkernen und in feine Stifte schneiden. Belugalinsen mit Möhren, Zwiebel und Apfel vermengen.

3. Sojasoße, Olivenöl, Nussöl sowie etwas Salz und Pfeffer verrühren und Salat mit dem Dressing mischen. Ca. 15 Minuten durchziehen lassen und mit gewaschener, trocken getupfter Petersilie garniert servieren.

Tipp Die schwarzen Belugalinsen sind mit viel Eiweiß und komplexen Kohlenhydraten ein guter Nährstofflieferant. Gleichzeitig schlagen sie mit nur etwa 1,5 Gramm Fett pro 100 Gramm zu Buche.

Fisch und Fleisch

VOLLKORNNUDELN MIT GARNELEN

Zutaten für 4 Portionen

350 g Vollkornspaghetti, Salz, 5 EL Olivenöl,
1 EL fein gehackte Petersilie, 3 Knoblauchzehen,
2 EL Zitronensaft, frisch gemahlener Pfeffer,
500 g küchenfertige Garnelen

Zubereitung *ca. 20 Min.*

Nährwertangaben

pro Portion: 528 kcal,
34 g Eiweiß, 15 g Fett,
57 g Kohlenhydrate

1. Spaghetti nach Packungsweisung in Salzwasser bissfest garen. Wasser abgießen, 2 Esslöffel Olivenöl und Hälfte der Petersilie zugeben und unter die Spaghetti mischen.

2. Knoblauch schälen und fein hacken oder durch eine Presse drücken. Knoblauch mit restlichem Olivenöl, Zitronensaft sowie etwas Salz und Pfeffer verrühren. Gut mit den Garnelen vermengen.

3. Garnelen bei mittlerer Hitze ca. 1–2 Minuten braten. Spaghetti auf Tellern anrichten, Garnelen zugeben und mit restlicher Petersilie bestreut servieren.

Tipp Nach Belieben die Garnelen zusätzlich mit einer entkernten, fein gehackten Chilischote würzen.

KABELJAU MIT MEDITERRANEM GEMÜSE

Zutaten für 2 Portionen

400 g Kabeljau- oder andere weiße Fischfilets, Saft von ½ Zitrone, Salz, frisch gemahlener Pfeffer, 1 gelbe Paprikaschote, 1 kleine Zucchini, 6 kleine Tomaten, 3 EL Olivenöl, 2 EL grünes Pesto

Zubereitung *ca. 15 Min.*

Nährwertangaben

pro Portion: 440 kcal, 37 g Eiweiß, 25 g Fett, 10 g Kohlenhydrate

1. Fischfilets mit kaltem Wasser abspülen und trocken tupfen. Mit Zitronensaft beträufeln und mit Salz und Pfeffer würzen.

2. Paprika waschen, trocken tupfen, entkernen und in mundgerechte Stücke schneiden. Zucchini putzen, waschen, trocken tupfen und in Scheiben schneiden. Tomaten waschen, trocken tupfen und halbieren.

3. 1 Esslöffel Öl erhitzen und Paprika, Zucchini und Tomaten darin unter Wenden ca. 2–3 Minuten anbraten. Mit Salz und Pfeffer würzen.

4. Restliches Öl erhitzen und Kabeljaufilets darin von jeder Seite ca. 3 Minuten kräftig anbraten. Filets mit Pesto bestreichen, mit dem Gemüse auf Tellern anrichten und servieren.

Tipp Für ein fettarmes Pesto (250 g) 20 Gramm geröstete Pinienkerne, 2 grob gehackte Knoblauchzehen, 3 Esslöffel weiße Bohnen (aus der Dose), 2 Esslöffel Olivenöl und 3 Bund grob gehacktes Basilikum mit dem Stabmixer pürieren. 25 Gramm Parmesan unterrühren und mit Salz und Pfeffer würzen.

LACHSFILET AUF BLATTSPINAT

Zutaten für 2 Portionen

2 Lachsfilets, Saft von ½ Zitrone, Salz, frisch gemahlener Pfeffer, 200 g Spinat, 1 Bund Radieschen, 2 Knoblauchzehen, 3 EL Olivenöl

Zubereitung *ca. 20 Min.*

Nährwertangaben

pro Portion: 359 kcal, 31 g Eiweiß, 22 g Fett, 5 g Kohlenhydrate

1. Lachsfilets mit kaltem Wasser abspülen und mit Küchenpapier trocken tupfen. Mit Zitronensaft beträufeln und mit Salz und Pfeffer würzen.

2. Spinat waschen und trocken tupfen. Radieschen putzen, waschen, trocken tupfen und in dünne Scheiben schneiden. Knoblauch schälen und fein hacken.

3. 1 Esslöffel Öl erhitzen und Spinat, Radieschen und Knoblauch darin ca. 1–2 Minuten anbraten, mit Salz und Pfeffer würzen und vom Herd nehmen.

4. Restliches Öl erhitzen und Lachsfilets ca. 30 Sekunden darin scharf anbraten, Temperatur auf mittlere Hitze reduzieren, ca. 3 Minuten weiterbraten und Lachs vorsichtig wenden. Herd ausschalten und Lachsfilets ca. 3 Minuten in der Resthitze garen lassen.

5. Lachs auf Spinat und Radieschen anrichten und sofort servieren. Dazu schmeckt ein Dip aus Naturjoghurt und frisch gehackten Kräutern.

GARNELEN MIT BLUMENKOHL-„REIS“

Zutaten für 2 Portionen

½ Blumenkohl, ½ EL Kokosöl, Salz, frisch gemahlener Pfeffer, 1 TL Limettensaft und einige unbehandelte Limetten- oder Zitronenspalten zum Servieren, 1 rote Paprikaschote, 1 Mango, ½ Avocado, 1 Knoblauchzehe, 2 TL Zitronensaft, 2 TL Orangensaft, 2 EL Olivenöl, 250 g küchenfertige Garnelen, 1 EL fein gehackter Koriander

Zubereitung *ca. 25 Min.*

Nährwertangaben

pro Portion: 468 kcal, 29 g Eiweiß, 24 g Fett, 23 g Kohlenhydrate

1. Blumenkohl waschen, trocken tupfen, grob zerteilen und in einem Standmixer zu reisgroßen Stücken zerkleinern. Kokosöl erhitzen und Blumenkohl-„Reis“ bei mittlerer Hitze ca. 6 Minuten unter Rühren darin braten. Mit Salz, Pfeffer und Limettensaft abschmecken.

2. Paprika waschen, trocken tupfen, entkernen und fein würfeln. Mango halbieren, entsteinen, schälen und Fruchtfleisch in kleine Würfel schneiden. Avocado schälen und Fruchtfleisch fein würfeln. Knoblauch schälen und fein hacken.

3. Knoblauch mit Zitronen- und Orangensaft sowie etwas Salz und Pfeffer zu einem Dressing verrühren. Paprika, Mango und Avocado mit dem Dressing vermengen.

4. Olivenöl erhitzen und Garnelen darin garen. Garnelen mit Blumenkohlreis und Avocado-Mango-Salsa anrichten, mit Koriander bestreuen und mit Limetten- oder Zitronenspalten servieren.

KOHL-HACKFLEISCH-AUFLAUF

Zutaten für 4 Portionen

½ Weißkohl, 1 große Zwiebel, 1 Knoblauchzehe, 2 EL Pflanzenöl und etwas Fett für die Form, Salz, frisch gemahlener Pfeffer, etwas edelsüßes Paprikapulver, 1 TL Harissa, 500 g Rinderhackfleisch, 500 ml Gemüsebrühe, 3 EL Tomatenmark, 2 Eier, 200 g saure Sahne, 50 g geriebener Käse

Zubereitung *ca. 35 Min. + ca. 20 Min. Backzeit*

Nährwertangaben

pro Portion: 527 kcal,
37 g Eiweiß, 37 g Fett,
13 g Kohlenhydrate

1. Backofen auf 180 °C (Umluft: 160 °C) vorheizen. Kohl waschen, trocken tupfen, harten Strunk entfernen und Kohl in feine Streifen hobeln. Zwiebel und Knoblauch schälen und fein hacken. Öl erhitzen und Kohl, Zwiebel und Knoblauch darin unter Rühren einige Minuten anbraten. Mit Salz, Pfeffer, Paprikapulver und Harissa würzen.

2. Rinderhack zugeben und ca. 1 Minute mitbraten. Gemüsebrühe und Tomatenmark zugeben, gut unterrühren und alles ca. 20 Minuten köcheln lassen. Mischung in eine gefettete Auflaufform geben.

3. Eier und saure Sahne verrühren und auf der Masse verteilen. Mit geriebenem Käse bestreuen. Auflauf im vorgeheizten Backofen ca. 20 Minuten backen und servieren. Dazu passt ein grüner Salat.

PUTENFRIKADELLEN

Zutaten für 12 Stück

1 Knoblauchzehe, 1 Zwiebel, 500 g Putenhackfleisch, 250 g Magerquark, 100 g geriebener Käse, 1 Ei, 1 TL Paprikapulver, 1 TL Currypulver, frisch gemahlener Pfeffer, 2 EL Pflanzenöl, etwas fein gehackter Schnittlauch oder Frühlingszwiebelgrün zum Garnieren

Zubereitung *ca. 25 Min.*

Nährwertangaben

pro Stück: 137 kcal,
13 g Eiweiß, 9 g Fett,
2 g Kohlenhydrate

1. Knoblauch und Zwiebel schälen und fein hacken. Beides mit Putenhack, Quark, Käse, Ei und Gewürzen zu einer homogenen Masse vermengen.

2. Mit leicht angefeuchteten Händen aus der Masse zwölf Frikadellen formen. Öl erhitzen und Putenfrikadellen portionsweise im heißen Öl von allen Seiten anbraten.

3. Hitze reduzieren und Frikadellen unter gelegentlichem Wenden ca. 10 Minuten fertig braten. Mit Schnittlauch oder Frühlingszwiebelgrün garniert servieren.

Tipp Dazu schmeckt eine leckere Tomatensoße. Dafür 250 Gramm gewaschene, trocken getupfte Tomaten vierteln und in etwas Öl unter Rühren ca. 5 Minuten braten, bis sie zerfallen. 1 Dose Tomatenmark unterrühren und etwas Wasser zugeben. Soße ca. 10 Minuten schwach köcheln lassen und mit Salz, Pfeffer und Paprikapulver abschmecken.

Lebensmittel für die gesunde Küche

Da während des Fastens nichts gegessen wird, ist es während der Essensphasen umso wichtiger, auf eine ausgewogene Ernährung mit sättigenden Proteinen und Ballaststoffen, gesunden Ölen, Vitaminen und Mineralstoffen zu achten. Nachfolgend einige Tipps.

1

Nüsse und Samen: Walnüsse, Mandeln, Leinsamen, Chia-Samen und Co. peppen jedes Gericht geschmacklich auf. Zwar haben sie einen hohen Fettgehalt, dafür sind sie hervorragende Omega-3-, Mineral- und Ballaststofflieferanten.

2

Fette und Öle: Sie sind wichtig für die Aufnahme fettlöslicher Vitamine und versorgen uns mit essenziellen Fettsäuren. Zudem verringern sie Blutzuckerschwankungen und vermitteln ein Sättigungsgefühl. Für Salate eignen sich am besten kalt gepresstes, natives Olivenöl oder Leinöl, zum Braten und Kochen z. B. Kokosöl.

3

Gemüse und Obst: Mit vielen Ballaststoffen machen sie satt und liefern wertvolle Vitalstoffe. Kohlenhydratarm sind z. B. Tomaten, Zucchini, Brokkoli, Blumenkohl, Blattgemüse, Beeren und Avocados. Hülsenfrüchte wie Bohnen, Erbsen und Linsen sind vor allem für Vegetarier und Veganer eine tolle Proteinquelle.

4

Fisch und Fleisch: Frischer Fisch wie z. B. Lachs oder Hering liefert hochwertiges Eiweiß, Vitamine, Mineralstoffe und essenzielle Fettsäuren, vor allem Omega-3-Fettsäuren, die sich positiv auf die Blutfettwerte auswirken. Eine ebenso wichtige Proteinquelle ist Fleisch, das sättigend ist und Heißhunger vorbeugt, vor allem mageres Fleisch wie z. B. Putenbrust.

5

Kräuter und Gewürze: Sie bringen nicht nur Aroma in die Küche, sondern warten auch mit vielen positiven gesundheitlichen Wirkungen auf. So wirkt z. B. Zimt blutzuckerregulierend, Kardamom verdauungsfördernd und Kresse beugt Heißhungerattacken vor.

ZUCCHININUDELN BOLOGNESE

Zutaten für 4 Portionen

2 Zwiebeln, 2 Knoblauchzehen, 2 EL Olivenöl, 400 g gemischtes Hackfleisch, 300 g passierte Tomaten, 5 EL Tomatenmark, Salz, frisch gemahlener Pfeffer, 1 TL getrockneter Oregano, 800 g Zucchini, etwas geriebener Gouda

Zubereitung *ca. 40 Min.*

Nährwertangaben

pro Portion: 383 kcal,
25 g Eiweiß, 25 g Fett,
13 g Kohlenhydrate

1. Zwiebeln und Knoblauch schälen und fein hacken. Öl erhitzen und Zwiebeln und Knoblauch darin ca. 2 Minuten anbraten. Hackfleisch zugeben, mit einem Holzlöffel zerkleinern und einige Minuten mit anbraten.

2. Passierte Tomaten, Tomatenmark, etwas Salz und Pfeffer sowie Oregano unterrühren und Bolognese ca. 20 Minuten bei geringer Hitze köcheln lassen.

3. Zucchini putzen, waschen, trocken tupfen und mit einem Spiralschneider in lange, dünne Streifen schneiden. Zucchininudeln in kochendem Salzwasser ca. 3 Minuten blanchieren und in ein Sieb abgießen. Nudeln in Schalen anrichten, Bolognese und geriebenen Käse daraufgeben und servieren.

Tipp Bereiten Sie gleich die doppelte Menge Bolognese für den nächsten Tag zu. Aufgewärmt schmeckt sie noch besser. Die Bolognese schmeckt auch zu Vollkornspaghetti oder einer Mischung aus Vollkorn- und Zucchininudeln.

HÄHNCHEN-BROKKOLI-AUFLAUF

Zutaten für 2 Portionen

400 g Hähnchenbrustfilets, 2 EL Kokosöl und etwas Fett für die Form, 500 g Brokkoli, Salz, 1 Knoblauchzehe, 200 ml Hühnerbrühe, ½ TL getrockneter Thymian, 1 Prise frisch gemahlener Pfeffer, 100 g geriebener Gouda, etwas grob gehackte Petersilie zum Garnieren

Zubereitung *ca. 15 Min. + ca. 25 Min. Backzeit*

Nährwertangaben

pro Portion: 587 kcal, 64 g Eiweiß, 32 g Fett, 6 g Kohlenhydrate

1. Backofen auf 180 °C (Umluft: 160 °C) vorheizen. Hähnchenbrustfilets mit kaltem Wasser abspülen und gut trocken tupfen. Fleisch in kleine Stückchen schneiden. 1 Esslöffel Öl erhitzen und Fleisch darin unter Rühren ca. 5 Minuten anbraten.

2. Brokkoli putzen, waschen, trocken tupfen und in kleine Röschen teilen. Brokkoli in kochendem Salzwasser ca. 3 Minuten blanchieren, in ein Sieb abgießen und zum Fleisch geben. Knoblauch schälen und fein hacken.

3. Restliches Öl erhitzen und Knoblauch darin anschwitzen. Hühnerbrühe, Thymian und Pfeffer unterrühren.

4. Brokkoli-Hähnchen-Mischung in eine gefettete Auflaufform geben, Brühemischung darübergießen und Auflauf mit Käse bestreuen. Auflauf im vorgeheizten Backofen in ca. 25 Minuten goldgelb backen und mit Petersilie garniert servieren.

GESCHMORTE WIRSINGROULADE

Zutaten für 4 Portionen

1 großer Wirsing, Salz, 2 Zwiebeln, 1 Knoblauchzehe, 1 Bund Petersilie, 600 g Hähnchenbrustfilets, abgeriebene Schale von ½ unbehandelten Zitrone, 1 Ei, frisch gemahlener Pfeffer, 1 TL Paprikapulver, etwas gemahlener Piment, 2 EL Pflanzenöl, 1 EL Tomatenmark, 400 ml Gemüsebrühe

Zubereitung *ca. 1 Std.*

Nährwertangaben

pro Portion: 299 kcal, 43 g Eiweiß, 9 g Fett, 10 g Kohlenhydrate

1. Wirsing waschen und trocken tupfen. Äußere Blätter entfernen und 16 große Innenblätter ablösen. Dicke Blattrippen herausschneiden. Blätter in kochendem Salzwasser ca. 2 Minuten blanchieren, mit einem Schaumlöffel herausnehmen und abtropfen lassen. Restlichen Wirsing in feine Streifen schneiden und harten Strunk entfernen.

2. Zwiebeln und Knoblauch schälen und fein hacken. Petersilie waschen, trocken schütteln, Blättchen abzupfen und fein hacken. Hähnchenbrust im Blitzhacker sehr fein hacken. Mit Knoblauch, Petersilie, Zitronenschale, Ei und Hälfte der Zwiebeln mischen und mit Salz, Pfeffer, Paprikapulver und Piment würzen.

3. Jeweils zwei Wirsingblätter leicht überlappend zusammenlegen und Hähnchenmasse darauf verteilen. Blätter aufrollen und mit Küchengarn fixieren. Öl erhitzen, Rouladen darin bei mittlerer Hitze von allen Seiten anbraten und herausnehmen. Restliche Zwiebeln und Tomatenmark ins Bratfett geben, Wirsingstreifen zugeben und unter Wenden andünsten. Mit Salz, Pfeffer und Piment abschmecken. Brühe zugießen, aufkochen lassen und Rouladen zugeben. Zugedeckt bei schwacher Hitze ca. 40 Minuten schmoren lassen.

SCHWEINEFILET MIT INGWER UND PAPRIKA

Zutaten für 2 Portionen

40 g Ingwer, 1 Knoblauchzehe, 4 EL Sojasoße, 2 TL Agavendicksaft, 1 EL körniger Senf, 300 g Schweinefilet, 3 Frühlingszwiebeln, 300 g Zucchini, 2 Paprikaschoten, 2 EL Pflanzenöl, 2 EL gehackter Koriander

Zubereitung *ca. 20 Min.*

Nährwertangaben

pro Portion: 414 kcal, 38 g Eiweiß, 17 g Fett, 24 g Kohlenhydrate

1. Ingwer und Knoblauch schälen und fein hacken. Mit Sojasoße, Agavendicksaft und Senf verrühren. Schweinefilet in dünne Streifen schneiden und mit 1 Esslöffel Soja-Senf-Soße vermengen.

2. Frühlingszwiebeln waschen, putzen, trocken tupfen und klein schneiden. Zucchini waschen, putzen, trocken tupfen und in feine Scheiben schneiden. Paprika waschen, trocken tupfen, entkernen und fein würfeln.

3. Öl in einem Wok oder einer großen Pfanne erhitzen, Fleisch zugeben, bei hoher Temperatur unter Rühren ca. 3 Minuten braten und herausnehmen. Gemüse und restliche Soja-Senf-Soße ca. 5 Minuten bei mittlerer Hitze unter stetigem Rühren garen. Fleisch untermischen und mit Koriander bestreut servieren.

Tipp Nach Belieben zum Servieren zusätzlich mit Sesamsamen bestreuen. Das Gemüse können Sie ganz nach Geschmack variieren: Zum Schweinefleisch passen z. B. auch Brokkoli, Pilze, Zuckerschoten, Spargel, Möhren und Lauch. Dazu schmeckt Wildreis.

HÄHNCHEN-BURRITO-BOWL

Zutaten für 4 Portionen

200 g Wildreis, Salz, 4 Hähnchenbrustfilets, frisch gemahlener Pfeffer, etwas Paprikapulver, etwas Kurkumapulver, 2 EL Pflanzenöl, 1 Avocado, 1 rote Zwiebel, 1 Paprikaschote, 4 Tomaten, 4 Handvoll Spinat, 200 g Mais (aus der Dose), 200 g braune Bohnen oder Kidneybohnen (aus der Dose), 1 unbehandelte Limette zum Servieren

Zubereitung *ca. 35 Min.*

Nährwertangaben

pro Portion: 606 kcal, 46 g Eiweiß, 18 g Fett, 59 g Kohlenhydrate

1. Reis nach Packungsangabe in Salzwasser garen. Hähnchenbrustfilets kalt abspülen, trocken tupfen und mit Salz, Pfeffer, Paprikapulver und Kurkuma würzen. Öl erhitzen und Hähnchenbrustfilets von allen Seiten scharf anbraten. Hitze reduzieren und Filets zugedeckt ca. 8 Minuten weiterbraten.

2. Avocado halbieren, entsteinen, schälen und in mundgerechte Stücke schneiden. Zwiebel schälen und in Ringe oder Streifen schneiden. Paprika waschen, trocken tupfen, entkernen und in Streifen schneiden. Tomaten putzen, waschen, trocken tupfen und in Spalten oder Scheiben schneiden. Spinat waschen und trocken tupfen. Mais und Bohnen jeweils in ein Sieb geben, mit kaltem Wasser abspülen und abtropfen lassen.

3. Reis, aufgeschnittene Hähnchenbrustfilets, Avocado, Zwiebel, Paprika, Tomaten, Spinat, Mais und Bohnen auf Tellern anrichten. Limette waschen, trocken tupfen und vierteln. Burrito Bowl mit Limettenvierteln servieren.

Tipp Nach Belieben mit frisch gehackten Kräutern bestreuen und dazu ein Dressing aus Essig, Öl, Salz und Pfeffer reichen.

RINDFLEISCHPFANNE MIT BROKKOLI

Zutaten für 2 Portionen

400 g Rinderfilet, 1 Zwiebel, 2 Knoblauchzehen, 1 Stück Ingwer, 1 Chilischote, 500 g Brokkoli, Salz, 2 EL Kokosöl, 2 EL Sesamöl, frisch gemahlener Pfeffer

Zubereitung *ca. 25 Min.*

Nährwertangaben

pro Portion: 482 kcal, 50 g Eiweiß, 26 g Fett, 9 g Kohlenhydrate

1. Fleisch in schmale, dünne Streifen schneiden. Zwiebel, Knoblauch und Ingwer schälen, Zwiebel und Knoblauch fein hacken, Ingwer fein reiben. Chilischote waschen, trocken tupfen, entkernen und sehr klein schneiden.

2. Brokkoli putzen, waschen, trocken tupfen und in Röschen teilen. In kochendem Salzwasser ca. 5 Minuten garen. In ein Sieb abgießen, mit kaltem Wasser abschrecken und abtropfen lassen.

3. Kokosöl erhitzen und Zwiebel und Knoblauch darin anschwitzen. Fleisch zufügen und unter Rühren ca. 4 Minuten mitbraten.

4. Brokkoli, Sesamöl, Ingwer und Chili zufügen und alles bei geringer Hitze zugedeckt ca. 5 Minuten köcheln lassen. Mit Salz und Pfeffer abschmecken und servieren.

Vegetarisch und vegan

GEFÜLLTER KOHLRABI MIT PILZEN

Zutaten für 4 Portionen

4 Kohlrabiknollen, Salz, 1 kleine Zwiebel, 150 g Champignons, 1 Möhre, 2 Knoblauchzehen, 20 g Butter und etwas Fett für die Form, 150 g Sahne, 1 EL fein gehackte Petersilie, 80 g geriebener Gouda, frisch gemahlener Pfeffer, 100 ml Gemüsebrühe, etwas grob gehacktes Frühlingszwiebelgrün zum Garnieren

Zubereitung *ca. 40 Min. + ca. 30 Min. Backzeit*

Nährwertangaben

pro Portion: 366 kcal, 15 g Eiweiß, 24 g Fett, 19 g Kohlenhydrate

1. Kohlrabis schälen und unten gerade abschneiden, damit sie stehen, ohne umzukippen. Kohlrabis in ausreichend Salzwasser zugedeckt ca. 15 Minuten köcheln lassen. In einem Sieb abschrecken, abtropfen und lauwarm abkühlen lassen. Jeweils einen Deckel abschneiden und Knollen mit einem Kugelausstecher aushöhlen. Dabei einen ca. 1 Zentimeter dicken Rand stehen lassen. Ausgehöhltes Kohlrabifleisch beiseitestellen.

2. Backofen auf 180 °C (Umluft: 160 °C) vorheizen. Zwiebel schälen, Champignons putzen und beides klein schneiden. Möhre und Knoblauch schälen und fein würfeln. Butter erhitzen und Zwiebel, Pilze, Möhre und Knoblauch unter Rühren darin andünsten. Mit der Hälfte der Sahne ablöschen und Petersilie untermischen. Kohlrabifleisch würfeln, unterrühren und alles weitere ca. 5 Minuten dünsten. Käse zufügen und alles mit Salz und Pfeffer würzen.

3. Kohlrabi in eine gefettete Auflaufform setzen und mit der Gemüsemischung füllen. Gemüsebrühe mit restlicher Sahne verrühren und in die Form geben. Kohlrabi im vorgeheizten Backofen ca. 30 Minuten backen und mit Frühlingszwiebelgrün garniert servieren.

REIS-BOWL MIT TOFU UND AVOCADO

Zutaten für 4 Portionen

150 g Naturreis, Salz, einige Nori-Algen-Blätter, 100 ml Gemüsebrühe, 40 g Kokoscreme, 60 g Erdnussmus, 2 EL Sojasoße, 1 TL Kokosblütenzucker, 2 EL Limettensaft, frisch gemahlener Pfeffer, 250 g fester Tofu, 2 EL Erdnussöl, 150 g Möhren, 1 Avocado, 1 kleine Gurke, etwas Sesam zum Bestreuen

Zubereitung *ca. 30 Min.*

Nährwertangaben

pro Portion: 588 kcal,
22 g Eiweiß, 37 g Fett,
37 g Kohlenhydrate

1. Reis nach Packungsanweisung in Salzwasser garen. Algenblätter nach Packungsanweisung einweichen, abgießen und in Streifen schneiden. Gemüsebrühe mit Kokoscreme kurz aufkochen, Erdnussmus unterrühren. 1 Esslöffel Sojasoße, Kokosblütenzucker, Limettensaft sowie etwas Salz und Pfeffer zugeben und alles zu einer glatten Soße verrühren.

2. Tofu in Würfel schneiden und mit restlicher Sojasoße mischen. Öl erhitzen und Tofu bei mittlerer Hitze darin in ca. 5 Minuten goldgelb anbraten.

3. Möhren putzen, waschen, trocken tupfen und in feine Stifte schneiden, Avocado halbieren, entsteinen, schälen und in Spalten schneiden. Gurke waschen, trocken tupfen und würfeln.

4. Abgekühlten Reis mit Tofu, Möhren, Avocado, Gurke und Algen in Schalen anrichten. Mit Erdnusssoße beträufelt und mit Sesam bestreut servieren.

KICHERERBSEN-CURRY

Zutaten für 4 Portionen

500 g braune Champignons, 2 Möhren, 1 Zwiebel, 2 Knoblauchzehen, 1 Stück Ingwer, 1 Avocado, 5 Kardamomkapseln, 3 EL Pflanzenöl, 1 TL Kreuzkümmelsamen und 1 TL gemahlener Kreuzkümmel, 1 TL Koriandersamen, 1 Prise frisch gemahlener Pfeffer, 1 TL Kurkumapulver, etwas Currypulver, 800 g passierte Tomaten, 250 g Kichererbsen (aus der Dose), etwas Naturjoghurt und grob gehacktes Frühlingszwiebelgrün zum Garnieren, unbehandelte Zitronenspalten zum Servieren

Zubereitung *ca. 35 Min.*

Nährwertangaben

pro Portion: 355 kcal, 14 g Eiweiß, 19 g Fett, 23 g Kohlenhydrate

1. Pilze putzen und klein schneiden. Möhren putzen, schälen und in kleine Würfel schneiden. Zwiebel und Knoblauch schälen und fein hacken, Ingwer schälen und reiben. Avocado entsteinen, schälen und würfeln. Kardamomkapseln mit dem Messer aufdrücken, Samen herauslösen und im Mörser zerstoßen.

2. Öl erhitzen und Kreuzkümmel- und Koriandersamen darin kurz anrösten. Zwiebel, Knoblauch, Möhren, Ingwer und restliche Gewürze unterrühren und unter Rühren einige Minuten anbraten. Pilze und passierte Tomaten zufügen, alles aufkochen und bei geringer Hitze ca. 20 Minuten köcheln lassen.

3. Kichererbsen in ein Sieb geben, mit kaltem Wasser abspülen, abtropfen lassen und zugeben. Curry nochmals abschmecken und mit Avocado, Joghurt, Frühlingszwiebelgrün und Zitronenspalten servieren.

KÜRBIS-PUFFER

Zutaten für 2 Portionen

100 g Kartoffeln, 400 g Butternutkürbis,
1 Ei, 1 EL Weizen- oder Dinkelvollkornmehl,
Salz, frisch gemahlener Pfeffer,
3 EL Pflanzenöl

Zubereitung *ca. 30 Min.*

Nährwertangaben

pro Portion: 312 kcal,
7 g Eiweiß, 17 g Fett,
29 g Kohlenhydrate

1. Kartoffeln schälen, Kürbis halbieren, entkernen und ebenfalls schälen. Kartoffeln und Kürbisfruchtfleisch grob raspeln. Beides gut mit Ei, Mehl, Salz und Pfeffer vermischen und Masse zu Puffern formen.

2. Öl in einer Pfanne erhitzen und Puffer darin portionsweise goldgelb ausbacken. Auf Tellern anrichten und heiß servieren.

Tipp Dazu schmeckt ein Dip aus Gorgonzola und Naturjoghurt. Nach Belieben etwas fein gehackten Schnittlauch zum Teig geben und Puffer mit Kürbis- und Walnusskernen toppen.

SPINAT-SPIEGELEI-PFANNE

Zutaten für 2 Portionen

1 kleine Zwiebel, 2 Knoblauchzehen,
500 g Spinat, 1 EL Pflanzenöl,
etwas frisch geriebener Muskat,
Salz, frisch gemahlener Pfeffer, 4–5 Eier

Zubereitung *ca. 20 Min.*

Nährwertangaben

pro Portion: 302 kcal,
24 g Eiweiß, 19 g Fett,
8 g Kohlenhydrate

1. Zwiebel und Knoblauch schälen und fein hacken. Spinat waschen, trocken tupfen und Blätter nach Belieben grob zerkleinern.

2. Öl in einer Pfanne erhitzen und Zwiebel und Knoblauch darin anschwitzen. Spinat zufügen und mitdünsten, bis die Blätter zusammenfallen. Mit Muskat, Salz und Pfeffer würzen.

3. Eier vorsichtig auf den Spinat gleiten lassen. Zugedeckt bei geringer Hitze ca. 10 Minuten stocken lassen, mit Salz und Pfeffer würzen und sofort servieren.

Tipp Statt frischem Spinat können Sie auch gefrorenen Blattspinat verwenden. Diesen in einem Sieb auftauen lassen und gut mit einem Tuch von überschüssigem Wasser befreien.

VEGANE BLUMENKOHL-„WINGS“

Zutaten für 2 Portionen

*600 g Blumenkohl, 30 g Mandelmehl, 3 EL Pflanzenöl,
1 EL Xylit, 2 TL geräuchertes Paprikapulver,
1 TL Kurkumapulver, 1 TL Knoblauchpulver,
1 TL Tex-Mex-Gewürz,
Salz, frisch gemahlener Pfeffer*

Zubereitung *ca. 10 Min. + ca. 20 Min. Backzeit*

Nährwertangaben

pro Portion: 287 kcal,
15 g Eiweiß, 16 g Fett,
9 g Kohlenhydrate

1. Backofen auf 180 °C (Umluft: 160 °C) vorheizen. Blumenkohl putzen, waschen, trocken tupfen, in Röschen teilen und in eine Schüssel geben. Mandelmehl, Öl, Xylit und Gewürze zufügen und alles gut mit dem Blumenkohl vermengen.

2. Blumenkohl auf ein mit Backpapier belegtes Blech legen und im vorgeheizten Backofen ca. 20 Minuten backen, bis der Blumenkohl eine goldbraune Farbe angenommen hat. Noch heiß servieren.

Tipp Dazu passt eine vegane BBQ-Soße oder ein Sojajoghurt-Tahin-Dip. Für Letzteren 250 Gramm Sojajoghurt, 3 Esslöffel Tahin, 3 Esslöffel Zitronensaft, 1 geschälte, grob gehackte Knoblauchzehe sowie etwas Salz und Pfeffer im Standmixer mischen.

Prä- und Probiotika

Präbiotika sind Ballaststoffe, die von gesundheitsfördernden Darmbakterien verwertet werden, Probiotika lebende Mikroorganismen wie Hefen und Milchsäurebakterien. Beide stärken die Darmflora, unterstützen das Abnehmen und fördern die Gesundheit. Im Folgenden einige Beispiele.

1 **Joghurt:** Joghurt enthält Milchsäurebakterien, die für die Fermentation nötig sind, und gehört zu den besten Probiotikaquellen. Er verbessert z. B. die Darmflora und hilft bei Verdauungsbeschwerden wie Durchfall oder Verstopfung. Greifen Sie zu möglichst frischem Naturjoghurt!

2 **Käse:** Auch bestimmte Käsesorten enthalten wertvolle lebende Milchsäurebakterien. Hierzu gehören Cheddar, Gouda, Gruyère, Parmesan und Mozzarella. Als Faustregel gilt: Je älter der Käse ist, desto mehr Milchsäurebakterien enthält er.

3

Apfelessig: Bei der Herstellung wird Apfelsaft zu Apfelwein und dieser zu Essig vergoren. Dabei bilden sich viele Milchsäurebakterien, die gut für die Darmflora sind. Greifen Sie zu gutem, naturbelassenem Apfelessig, den man u. a. an seiner trüben, leicht goldfarbenen bis braunen Farbe erkennt.

4

Bananen: Mit ihrem hohen Anteil an Ballaststoffen, Mehrfachzucker und Stärke sind Bananen Präbiotika, die nützlichen Darmbakterien wertvolle Nahrung liefern. Sie sind leicht verdaulich und können sowohl bei Verstopfung als auch bei Durchfall helfen.

5

Bohnen: Hülsenfrüchte haben allgemein einen hohen Gehalt an Ballaststoffen, die verdauungsfördernd wirken. Die enthaltenen löslichen Ballaststoffe dienen zudem Darmbakterien als Nahrung und wirken positiv auf den Cholesterinspiegel.

6

Knoblauch, Zwiebeln und Lauch: Als Präbiotika unterstützen Knoblauch, Zwiebeln und Lauch die Verdauungsfunktion und fördern das Wachstum der Probiotika. Da sie beim Kochen einen gewissen Prozentsatz ihrer präbiotischen Inhaltsstoffe einbüßen, sollte man sie möglichst oft roh verzehren.

ROHE MÖHRENNUDELN MIT TAHIN-SOSSE

Zutaten für 2 Portionen

6 große Möhren, 1 Knoblauchzehe, 3 EL Tahin, 2 EL Olivenöl, 2 EL Sojasoße, Salz, Saft von 1 Zitrone, 2 EL schwarzer Sesam

Zubereitung *ca. 15 Min.*

Nährwertangaben

pro Portion: 421 kcal, 10 g Eiweiß, 23 g Fett, 25 g Kohlenhydrate

1. Möhren putzen, waschen, trocken tupfen und mit einem Spiralschneider in lange, dünne Streifen schneiden. Knoblauch schälen und fein hacken.

2. Knoblauch, Tahin, Olivenöl, Sojasoße, etwas Salz und Zitronensaft gut verrühren. Möhren-„Spaghetti“ in Schalen anrichten und Tahin-Soße daraufgeben. Mit Sesam bestreut servieren.

Tipp Noch leckerer schmeckt die Soße, wenn Sie zusätzlich einige gehackte Nüsse und etwas gehackte Petersilie oder Dill zufügen. Wer möchte, kann die Nudeln auch in der Pfanne leicht erwärmen.

QUARK-GNOCCHI MIT TOMATENSOSSE

Zutaten für 2 Portionen

300 g Magerquark, 2 Eier, 1 EL Guarkernmehl, Salz, frisch gemahlener Pfeffer, 1 Zwiebel, 1 Knoblauchzehe, 1 Handvoll Basilikum, 100 g Cocktailtomaten, 1 EL Olivenöl, ½ TL getrockneter Oregano, 30 g geriebener Parmesan

Zubereitung *ca. 25 Min. + ca. 20 Min. Ruhezeit*

Nährwertangaben

pro Portion: 311 kcal, 31 g Eiweiß, 14 g Fett, 12 g Kohlenhydrate

1. Quark und Eier verrühren, Guarkernmehl unterrühren und Mischung mit Salz und Pfeffer würzen. Ca. 20 Minuten ruhen lassen.

2. Zwiebel und Knoblauch schälen und fein würfeln. Basilikum waschen, trocken tupfen und klein schneiden. Tomaten waschen, trocken tupfen und halbieren.

3. Öl erhitzen und Zwiebel darin glasig braten. Knoblauch zugeben und kurz mitbraten. Tomaten zufügen und bei geringer Hitze ca. 10 Minuten köcheln lassen. Mischung mit Salz und Pfeffer würzen. Oregano und Basilikum zugeben und alles gut vermischen.

4. Quarkmasse zu kleinen Gnocchi formen und in kochendem Salzwasser garen. Sie sind gar, wenn sie an der Oberfläche schwimmen. Mit einem Schaumlöffel herausnehmen und mit der Tomatensoße mischen. Mit Parmesan bestreut servieren.

BACKOFEN-RATATOUILLE

Zutaten für 2 Portionen

3 Paprikaschoten, 1 Zucchini, 1 große Zwiebel, 400 g Tomaten, 3 Knoblauchzehen, 2 EL Zitronensaft, 3 EL Olivenöl, 2 Zweige Rosmarin, Salz, frisch gemahlener Pfeffer, 125 ml Gemüsebrühe

Zubereitung *ca. 10 Min. + ca. 30 Min. Backzeit*

Nährwertangaben

pro Portion: 320 kcal, 9 g Eiweiß, 17 g Fett, 31 g Kohlenhydrate

1. Backofen auf 220 °C (Umluft: 200 °C) vorheizen. Paprika waschen, trocken tupfen, entkernen und in Streifen schneiden. Zucchini putzen, waschen, trocken tupfen und in mundgerechte Stücke schneiden.

2. Zwiebel schälen und in Spalten schneiden. Tomaten putzen, waschen, trocken tupfen und vierteln oder in Stücke schneiden. Knoblauch schälen und andrücken.

3. Gemüse mit Zitronensaft und Olivenöl mischen. Rosmarin waschen und trocken schütteln, halbieren und zufügen. Kräftig mit Salz und Pfeffer würzen.

4. Mischung in eine Auflaufform geben und Brühe darübergießen. Ratatouille ca. 30 Minuten im vorgeheizten Backofen schmoren lassen, dabei Gemüse nach der Hälfte der Backzeit wenden. Herausnehmen und servieren.

ROTE-BETE-BUCHWEIZEN-RISOTTO

Zutaten für 4 Portionen

3 Rote-Bete-Knollen (vorgegart), 400 ml Kokosmilch, 400 g Buchweizen, Saft und abgeriebene Schale von 1 unbehandelten Zitrone, Salz, frisch gemahlener Pfeffer, 1 Handvoll grob gehackte Petersilie

Zubereitung *ca. 30 Min.*

Nährwertangaben

pro Portion: 606 kcal, 13 g Eiweiß, 24 g Fett, 80 g Kohlenhydrate

1. Rote Bete mit der Hälfte der Kokosmilch pürieren. Buchweizen in ein Sieb geben und so lange mit kaltem Wasser abspülen, bis das Wasser vollkommen klar ist. Nach Packungsanweisung garen. Der Buchweizen sollte noch leicht bissfest sein.

2. Buchweizen mit Rote-Bete-Püree, restlicher Kokosmilch sowie Zitronensaft und -schale mischen und erwärmen. Mit Salz und Pfeffer abschmecken und mit Petersilie bestreut servieren.

Tipp Das Risotto schmeckt noch besser, wenn Sie gehackte Wal- oder Pekannüsse untermischen. Wer es herzhafter mag, kann das Risotto mit zerbröckeltem Schafskäse bestreut servieren.

AYURVEDISCHES SÜSSKARTOFFEL-CHILI

Zutaten für 6 Portionen

2 große Süßkartoffeln, ½ Hokkaidokürbis, 200 g schwarze Bohnen (aus der Dose), 1 Chilischote, 1 Zwiebel, 1 Stange Sellerie, 2 EL Ghee, 2 TL gemahlener Kreuzkümmel, 2 EL geräuchertes Paprikapulver, 2 TL Zimt, 800 g gehackte Tomaten (aus der Dose), 2 EL Tomatenmark, Salz, frisch gemahlener Pfeffer, etwas grob gehackter Koriander zum Servieren

Zubereitung *ca. 45 Min.*

Nährwertangaben

pro Portion: 180 kcal,
6 g Eiweiß, 4 g Fett,
28 g Kohlenhydrate

1. Süßkartoffeln schälen und in Würfel schneiden. Kürbis schälen, entkernen und Fruchtfleisch ebenfalls in mundgerechte Würfel schneiden. Bohnen in ein Sieb geben, mit kaltem Wasser abspülen und abtropfen lassen.

2. Chilischote waschen, trocken tupfen, entkernen und fein hacken. Zwiebel schälen und würfeln. Sellerie putzen, waschen, trocken tupfen und klein schneiden.

3. Ghee erhitzen und Chili, Zwiebel, Kreuzkümmel, Paprikapulver und Zimt darin kurz anrösten, bis die Gewürze zu duften beginnen. Kürbis, Sellerie und Süßkartoffeln zugeben und ca. 1 Minute mit anrösten.

4. Bohnen, gehackte Tomaten mit Tomatenflüssigkeit, Tomatenmark und ca. 500 Milliliter Wasser zufügen. Mit Salz und Pfeffer würzen und gut umrühren. Chili bei geringer Temperatur ca. 30 Minuten köcheln lassen. Mit Koriander bestreut servieren.

ROSENKOHL MIT GRANATAPFEL UND FETA

Zutaten für 4 Portionen

800 g Rosenkohl, Salz, 4 EL Pflanzenöl, 1 Granatapfel, Saft und abgeriebene Schale von 1 unbehandelten Limette, 1 EL Ahornsirup, 1 TL Paprikapulver, ½ TL gemahlener Kreuzkümmel, frisch gemahlener Pfeffer, 2 Handvoll Walnüsse, 125 g Feta

Zubereitung *ca. 25 Min. + ca. 5 Min. Ruhezeit*

Nährwertangaben

pro Portion: 364 kcal, 17 g Eiweiß, 25 g Fett, 18 g Kohlenhydrate

1. Rosenkohl waschen, trocken tupfen und große Köpfe halbieren. In kochendem Salzwasser ca. 5 Minuten kochen, in ein Sieb abgießen und abtropfen lassen. 2 Esslöffel Öl erhitzen und abgetropften Rosenkohl unter vorsichtigem Rühren ca. 3 Minuten anbraten.

2. 1 Esslöffel Wasser zugeben und Kohl bei geringer Hitze zugedeckt ca. 5 Minuten dünsten. Der Rosenkohl sollte noch etwas Biss haben.

3. Granatapfel halbieren und Kerne herauslösen. Limettensaft und -schale, restliches Öl und Ahornsirup verrühren, mit etwas Salz, Paprikapulver, Kreuzkümmel und Pfeffer würzen.

4. Rosenkohl mit Granatapfelkernen und Walnusshälften in eine Schüssel geben, Feta zerbröseln und zufügen. Mit der Limettenvinaigrette beträufeln und alles vermengen. Ca. 5 Minuten ziehen lassen und servieren.

Desserts und süßes Gebäck

ZITRUS-OBSTSALAT LOW CARB

Zutaten für 4 Portionen

Saft von 1 Zitrone und einige unbehandelte Zitronenspalten zum Garnieren, 1 EL Erythrit, 4 Kardamomkapseln, 2 Sternanisfrüchte, 2 Gewürznelken, 1 Zimtstange, 1 rosa Grapefruit, 2 Orangen, 4 Clementinen, 1 Stängel Minze und einige Minzeblätter zum Garnieren

Zubereitung *ca. 25 Min. + ca. 10 Min. Ruhezeit*

Nährwertangaben

pro Portion: 141 kcal,
3 g Eiweiß, 1 g Fett,
28 g Kohlenhydrate

1. Zitronensaft mit 200 Millilitern Wasser und Erythrit in einen kleinen Topf geben. Kardamomkapseln mit einem Messer leicht zerdrücken. Zusammen mit Sternanis, Gewürznelken und Zimtstange in den Topf geben. Aufkochen und unter gelegentlichem Rühren bei mittlerer Hitze ca. 10 Minuten leicht köcheln lassen.

2. Grapefruit, Orangen und Clementinen so schälen, dass die weiße Haut mit entfernt wird. Fruchtfilets zwischen den Trennhäuten herausschneiden, dabei den Saft in einer Schüssel auffangen. Fruchtfilets zum aufgefangenen Saft geben.

3. Minze waschen, trocken schütteln, Blätter abzupfen und fein hacken. Gewürzsirup etwas abkühlen lassen, durch ein feines Sieb über die Früchte gießen, gehackte Minze darübergeben und Obstsalat mindestens 10 Minuten ziehen lassen. Mit Minze und Zitronenspalten garniert servieren.

ANANAS-INGWER-SORBET

Zutaten für 2 Portionen

1 Stück Ingwer (ca. 1 cm),
500 g Ananasfruchtfleisch (TK-Produkt),
½ –1 EL Ahornsirup,
einige Minzeblätter zum Garnieren

Zubereitung *ca. 15 Min.*

Nährwertangaben

pro Portion: 167 kcal,
1 g Eiweiß, 1 g Fett,
37 g Kohlenhydrate

1. Ingwer schälen und grob reiben. Ananas, Ingwer und Ahornsirup in einem Standmixer zu einer homogenen, cremigen Masse verarbeiten.

2. Sorbet in Kugeln portionieren und sofort mit gewaschener, trocken getupfter Minze garniert servieren oder bis zum Servieren im Gefrierschrank aufbewahren.

Tipp Tiefgefrorenes Sorbet vor dem Servieren mindestens 2–3 Stunden antauen lassen. Bei Verwendung frischer Ananas das Fruchtfleisch (ohne Strunk) in Stücke schneiden und mindestens 3 Stunden vor der Verarbeitung in den Gefrierschrank legen. Abwandeln lässt sich das Rezept durch Zugabe einiger Salbei- oder Basilikumblätter.

LOW-CARB-BEEREN-CRUMBLE

Zutaten für 4 Portionen

150 g Himbeeren, 150 g Brombeeren, etwas Xylit nach Belieben, 1 EL zerlassenes Kokosöl und etwas Fett für die Form, 50 g zarte Haferflocken, 50 g gemahlene Mandeln, 1 EL Kokosraspel nach Belieben, 1 EL Ahornsirup oder Honig, Mark von 1 Vanilleschote

Zubereitung *ca. 10 Min. + ca. 20 Min. Backzeit*

Nährwertangaben

pro Portion: 229 kcal, 6 g Eiweiß, 15 g Fett, 16 g Kohlenhydrate

1. Backofen auf 200 °C (Umluft: 180 °C) vorheizen. Beeren waschen, verlesen und trocken tupfen. Nach Belieben mit etwas Xylit bestreut in eine gefettete Auflaufform geben und darin gut verteilen.

2. Haferflocken, gemahlene Mandeln, nach Belieben Kokosraspel, Kokosöl, Ahornsirup oder Honig und Vanillemark zu Streuseln verkneten. Streusel auf den Beeren verteilen.

3. Crumble im vorgeheizten Backofen ca. 20 Minuten backen. Etwas abkühlen lassen und noch warm servieren.

Tipp Der Crumble schmeckt auch lecker mit Pflaumen, Zwetschgen, Rhabarber, Äpfeln oder Birnen. Variieren Sie das Rezept, indem Sie statt der Mandeln gemahlene Nüsse verwenden. Dazu schmeckt ein Klecks Naturjoghurt.

KÜRBIS-MUG-CAKE

Zutaten für 2 Stück

25 g Hokkaidokürbisfruchtfleisch, 2 Eier,
2 TL Xylit, 2 EL Naturjoghurt,
Mark von ½ Vanilleschote, 2 EL Kokosmehl,
1 Msp. Weinsteinbackpulver, 1 kleine Prise Anispulver,
1 EL Rapsöl und etwas Fett für die Tassen

Zubereitung *ca. 10 Min. + ca. 20 Min. Backzeit*

Nährwertangaben

pro Stück: 209 kcal,
9 g Eiweiß, 13 g Fett,
8 g Kohlenhydrate

1. Backofen auf 160 °C (Umluft: 140 °C) vorheizen. Kürbisfruchtfleisch fein reiben. Eier, Xylit, Joghurt, Kürbisfleisch, Vanillemark, Kokosmehl, Weinsteinbackpulver, Anis und Rapsöl zu einem glatten Teig vermengen und alles ca. 5 Minuten verrühren.

2. Zwei ofenfeste Tassen (à 250 Milliliter) einfetten und Teig hineingeben. Tassen auf ein Backblech stellen und Mug Cakes im vorgeheizten Backofen ca. 20 Minuten backen. Aus dem Ofen nehmen und servieren.

Tipp Mug Cakes nach Belieben mit etwas Xylit oder Puder-Xylit bestreuen und mit gerösteten Kürbiskernen garnieren.

TAPIOKA-PUDDING MIT ERDBEEREN UND BIRNEN

Zutaten für 4 Portionen

250 ml Kokosmilch, 100 ml Pflanzenmilch (z. B. Reismilch), Mark von 1 Vanilleschote, 40 g Tapiokaperlen, 30 g Kokosraspel und einige Kokosraspel zum Garnieren, 1 EL Agavendicksaft, 300 g Erdbeeren und einige Erdbeerscheiben zum Garnieren, einige dünne Birnenspalten zum Garnieren

Zubereitung *ca. 25 Min.*

Nährwertangaben

pro Portion: 284 kcal, 3 g Eiweiß, 21 g Fett, 19 g Kohlenhydrate

1. Kokosmilch, Pflanzenmilch, Vanillemark und Tapiokaperlen in einen Topf geben und zum Kochen bringen. Bei geringer Hitze ca. 15 Minuten köcheln lassen. Die Perlen sollten weich, die Flüssigkeit aber noch nicht vollständig absorbiert sein. Kokosraspel unterrühren und alles mit Agavendicksaft süßen.

2. Erdbeeren waschen, putzen und trocken tupfen. Mit einem Stabmixer fein pürieren und Erdbeerpüree auf vier Gläser oder Dessertschalen verteilen.

3. Tapioka-Pudding jeweils darübergeben. Mit Erdbeerscheiben und Birnenspalten garnieren und mit Kokosraspeln garniert servieren.

Tipp Statt Erdbeeren können Sie auch Himbeeren oder eine Mischung aus Erdbeeren und Himbeeren verwenden. Nach Belieben 200 Gramm zuckerfreien Kokosjoghurt glatt rühren und als dritte Schicht auf den Pudding geben.

Zucker ersetzen

Ein süßes Dessert? Beim Intervallfasten kein Problem! Allerdings ist Mäßigung gefragt, um den Abnehmeffekt nicht zunichte zu machen. Alternativen sind Zuckerersatzstoffe, mit denen sich die Kalorien reduzieren lassen.

Honig

Im Vergleich zu Zucker (400 kcal pro 100 g) kommt Honig zwar mit 306 Kalorien pro 100 Gramm auf eine ähnliche Kalorienmenge und lässt den Blutzuckerspiegel genauso ansteigen, dafür liefert er jedoch nicht nur „leere Kalorien“, sondern auch Mineralstoffe, Vitamine und sekundäre Pflanzenstoffe.

Ahornsirup und Agavendicksaft

Wie Honig ist Ahornsirup ein natürlicher Süßstoff, der unraffiniert ist und daher mehr Nährstoffe liefert als Haushaltszucker. Der aus dem Saft des Ahornbaums gewonnene Süßstoff liegt mit 260 Kalorien pro 100 Gramm unter dem Kaloriengehalt von Zucker oder Honig. Bei Agavendicksaft dagegen süßen 100 Gramm etwa so stark wie 125 Gramm Haushaltszucker, sodass sich davon weniger verwenden lässt. Zudem hat Agavendicksaft weniger Kalorien und lässt mit einem niedrigeren Glykämischen Index den Blutzuckerspiegel deutlich langsamer ansteigen und abfallen.

Süßes Obst und Trockenfrüchte

Natürliche Fruchtsüße ist eine gesunde Zuckeralternative, die wertvolle Vitamine und Mineralien liefert. So können Sie z. B. beim Backen 100 Gramm Zucker durch 100 bis 120 Gramm reife Bananen oder 125 Gramm getrocknete Datteln ersetzen.

Xylit und Erythrit

Der auch als Birkenzucker bezeichnete Zuckeraustauschstoff Xylit hat zwar die gleiche Süßkraft wie Haushaltszucker und lässt sich ähnlich verarbeiten, liefert aber etwa 40 Prozent weniger Kalorien. Zudem lässt Xylit den Blutzuckerspiegel nur leicht ansteigen. Ebenso wie Xylit ist Erythrit ein Zuckeralkohol und zählt nicht zu den Kohlenhydraten. Zwar hat Erythrit nur rund 75 Prozent der Süßkraft von Zucker, mit etwa 20 Kilokalorien pro 100 Gramm ist er jedoch praktisch kalorienfrei und hat keine Auswirkungen auf den Blutzuckerspiegel.

FROZEN-YOGURT-RIEGEL

Zutaten für 4 Stück

600 g Skyr, 1 EL Honig,
2 EL Whey-Proteinpulver mit Vanillegeschmack,
300 g Erdbeeren

Zubereitung *ca. 10 Min. + ca. 12 Std. Ruhezeit*

Nährwertangaben

pro Stück: 147 kcal,
21 g Eiweiß, 1 g Fett,
13 g Kohlenhydrate

1. Skyr mit Honig und Proteinpulver verrühren. Erdbeeren waschen, trocken tupfen, in kleine Stücke schneiden und unter die Skyr-Mischung heben.

2. Masse in eine kleine rechteckige, mit Frischhaltefolie ausgelegte Auflaufform füllen und mindestens 4 Stunden (am besten über Nacht) ins Gefrierfach stellen.

3. Frozen Yogurt vorsichtig mit der Folie aus der Form lösen. Ein Messer mit heißem Wasser anfeuchten, Frozen Yogurt damit in gleich große Riegel schneiden und sofort servieren.

Tipp Nach Belieben die Riegel mit zuckerfreiem Granola, gehackten Nüssen, Kokosraspeln oder Pistazien toppen. Statt Erdbeeren können Sie auch klein geschnittene Brombeeren, Himbeeren, Heidelbeeren oder Bananen verwenden.

APFEL-MÖHREN-MUFFINS

Zutaten für 6 Stück

80 g Kichererbsenmehl, 160 ml Mineralwasser, 150 g Möhren, 1 Apfel, 1 Prise Salz, 2 EL Kokosmilch, 1 EL Pflanzenöl und etwas Fett für die Muffinform, 2 Msp. Zimt, 2 Msp. Vanillepulver, 50 g Roggen- oder Dinkelvollkornmehl, 1 TL Weinsteinbackpulver, 1–2 EL Honig

Zubereitung *ca. 10 Min. + ca. 30 Min. Ruhezeit + ca. 25 Min. Backzeit*

Nährwertangaben

pro Stück: 141 kcal, 4 g Eiweiß, 5 g Fett, 19 g Kohlenhydrate

1. Kichererbsenmehl mit Mineralwasser verrühren und ca. 30 Minuten ruhen lassen. Backofen auf 180 °C (Umluft: 160 °C) vorheizen.

2. Möhren waschen, trocken tupfen und fein raspeln. Apfel schälen, entkernen und grob raspeln. Angerührtes Kichererbsenmehl mit Salz, Kokosmilch, Öl, Zimt, Vanillepulver, Mehl und Backpulver verrühren. Möhren, Apfel und Honig zufügen und alles gut vermischen.

3. Teig in sechs gefettete Mulden einer Muffinform geben und im vorgeheizten Backofen ca. 25 Minuten backen, bis die Muffins goldgelb sind. Etwas abkühlen lassen und servieren.

TOFU-BEEREN-CREME

Zutaten für 4 Portionen

300 g gemischte Beeren (z. B. Himbeeren, Erdbeeren), abgeriebene Schale von ½ unbehandelten Zitrone, 250 g Seidentofu, 50 g Ahornsirup oder flüssiger Honig, einige Minzeblättchen zum Garnieren

Zubereitung *ca. 15 Min.*

Nährwertangaben

pro Portion: 91 kcal, 4 g Eiweiß, 2 g Fett, 14 g Kohlenhydrate

1. Beeren verlesen, waschen und trocken tupfen. Einige Früchte für die Garnitur beiseitestellen, restliche Beeren klein schneiden.

2. Beeren mit Zitronenschale, Tofu und Ahornsirup oder Honig in einem Standmixer oder mit einem Stabmixer fein pürieren.

3. Creme in Dessertschälchen portionieren und mit gewaschener, trocken getupfter Minze und beiseitegestellten Beeren garniert servieren.

Tipp Probieren Sie die Creme auch mit anderen Früchten, z. B. Mangos, Pfirsichen oder Mandarinen. Nach Belieben die Creme mit Zimt, Kardamom oder Vanillepulver verfeinern.

KURKUMA-MANGO-PUDDING

Zutaten für 2 Portionen

1 Mango,
400 ml Kokosmilch,
4 entsteinte Datteln,
¼ TL Kurkumapulver,
½ TL Vanillepulver,
3 TL Chia-Samen

Zubereitung *ca. 15 Min. + ca. 15 Min. Ruhezeit*

Nährwertangaben

pro Portion: 592 kcal, 6 g Eiweiß, 47 g Fett, 33 g Kohlenhydrate

1. Mango halbieren, entsteinen und schälen. Fruchtfleisch mit Kokosmilch in einen Standmixer geben und so lange mixen, bis eine homogene, glatte Creme entstanden ist.

2. Datteln, Kurkuma- und Vanillepulver zufügen und nochmals gut durchmixen. Chia-Samen unterrühren.

3. Pudding in zwei Dessertgläser füllen und vor dem Servieren mindestens 15 Minuten kalt stellen.

Tipp Besonders lecker schmeckt der Pudding, wenn Sie ihn mit Nüssen, Kokosraspeln oder einer dünnen Schicht Mandelmus (oder einem anderen Nussmus) servieren.

VEGANES SCHOKO-AVOCADO-KONFEKT

Zutaten für 4 Portionen

8 EL Kokosöl, 80 g Avocadofruchtfleisch, 6 EL Ahornsirup, ½ TL Vanillepulver, 1 TL Matchapulver, 1 Prise Salz, 4 EL Kakaopulver

Zubereitung *ca. 15 Min. + ca. 4 Std. Ruhezeit*

Nährwertangaben

pro Portion: 278 kcal, 1 g Eiweiß, 23 g Fett, 16 g Kohlenhydrate

1. 4 Esslöffel Kokosöl zerlassen. Kokosöl, Avocadofruchtfleisch, 2 Esslöffel Ahornsirup, Vanille- und Matchapulver sowie Salz in einem Standmixer fein pürieren. Masse in eine Konfekt- oder Eiswürfelform geben und ca. 3 Stunden ins Gefrierfach stellen.

2. Restliches Kokosöl schmelzen. Mit Kakaopulver und restlichem Ahornsirup mischen. Avocado-Konfekt aus der Form lösen. Mit der Glasur überziehen, nochmals ca. 1 Stunde ins Gefrierfach stellen und servieren.

Tipp Das Avocado-Konfekt hält sich im Gefrierfach oder im Kühlschrank bis zu drei Tage. Für die Glasur können Sie auch vegane Schokolade mit etwas Kokosöl bei geringer Hitze über dem heißen Wasserbad schmelzen, etwas abkühlen lassen, das Konfekt rasch damit glasieren und einfrieren.

PROTEIN-SCHOKO-WAFFELN

Zutaten für 4 Stück

*4 Eier, 2 TL Xylit, 100 g Naturjoghurt,
4 EL Whey-Proteinpulver mit Schokoladengeschmack,
1 EL Kakao, 4 EL Kokosmehl, 2 EL braune Butter,
etwas Pflanzenöl für das Waffeleisen,
einige Mandarinenspalten zum Garnieren*

Zubereitung *ca. 15 Min. + ca. 10 Min. Ruhezeit*

Nährwertangaben

pro Stück: 284 kcal,
18 g Eiweiß, 18 g Fett,
8 g Kohlenhydrate

1. Eier mit Xylit gut aufschlagen und Naturjoghurt unterrühren. Proteinpulver, Kakao und Kokosmehl mischen und portionsweise unterrühren.

2. Braune Butter unterziehen und Teig ca. 10 Minuten ruhen lassen. Waffeleisen vorheizen und einfetten. Aus dem Teig nacheinander vier Waffeln backen und noch warm mit Mandarinenspalten garniert servieren.

Tipp Alternativ eine Mandarinencreme dazu servieren. Dafür 2 Esslöffel Skyr, 2 Esslöffel Frischkäse, 2 Teelöffel Whey-Proteinpulver mit Vanillegeschmack und etwas Zitronenabrieb verrühren. Klein geschnittene Filets von 2 Mandarinen unterrühren und nach Belieben mit etwas Zimt abschmecken.

SÜSSKARTOFFEL-BROWNIES

Zutaten für ca. 16 Stück

500 g Süßkartoffeln, 100 g entsteinte Datteln, 80 g gemahlene Haselnüsse, 80 g Buchweizenvollkornmehl, ½ TL Zimt, 2 Msp. Lebkuchengewürz, abgeriebene Schale von 1 unbehandelten Orange, 4 EL Kakaopulver, 2 EL Ahornsirup

Zubereitung *ca. 15 Min. + ca. 1 Std. Backzeit*

Nährwertangaben

pro Stück: 110 kcal,
2 g Eiweiß, 4 g Fett,
16 g Kohlenhydrate

1. Backofen auf 180 °C (Umluft: 160 °C) vorheizen. Süßkartoffeln schälen, in ca. 1 ½ Zentimeter große Würfel schneiden, auf ein mit Backpapier belegtes Backblech legen und im vorgeheizten Backofen ca. 15 Minuten garen.

2. Datteln grob zerschneiden und mit 2 Esslöffeln gemahlener Haselnüsse im Standmixer fein hacken. Ein Drittel der Süßkartoffeln zugeben und glatt mixen, restliche Süßkartoffeln zugeben und alles fein pürieren.

3. Mehl mit restlichen Haselnüssen, Gewürzen, Orangenschale und Kakaopulver mischen und mit Ahornsirup unter das Süßkartoffel-Dattel-Püree rühren. Masse in eine mit Backpapier ausgelegte Backform geben und glatt streichen. Brownies im vorgeheizten Backofen ca. 40–45 Minuten backen, bis die Ränder fest und die Mitte auf Druck noch weich ist. Abkühlen lassen, aus der Form lösen und in Stücke geschnitten servieren.

Tipp Brownies mit Streifen aus geschmolzener dunkler Schokolade verzieren und Teller mit gewaschenen, trocken getupften Beeren (z. B. Erdbeeren, Himbeeren, Johannisbeeren) garnieren.

Getränke

ORANGE-MÖHREN-PROTEIN-SMOOTHIE

Zutaten für 2 Portionen

2 Möhren,
3 Orangen,
1 Stück Ingwer,
30 g Hanfproteinpulver

Zubereitung *ca. 10 Min.*

Nährwertangaben

pro Portion: 273 kcal,
12 g Eiweiß, 3 g Fett,
37 g Kohlenhydrate

1. Möhren putzen, waschen, trocken tupfen und grob zerkleinern. Orangen schälen, dabei die weiße Haut mit entfernen. Orangen in Segmente teilen. Ingwer schälen und grob zerkleinern.

2. Möhren, Orangen, Ingwer und Hanfproteinpulver in einem Standmixer ca. 30 Sekunden mixen. Je nach gewünschter Konsistenz mit etwas Wasser verdünnen, in Gläser füllen und servieren.

Tipp Da der Körper das Betakarotin der Möhren mit etwas Fett besser verwertet, können Sie zum Schluss z. B. einen Spritzer Rapsöl untermischen.

SPICY CHAI MIT MANDELMILCH

Zutaten für 2 Portionen

1 kleines Stück Ingwer, 5 Pfefferkörner, 3 Kardamomkapseln, 3 Sternanisfrüchte, 1 kleine Zimtstange, 4 Gewürznelken, 150 ml Mandelmilch, 150 g Mandelsahne, Mark von ½ Vanilleschote, 3 TL Schwarztee, etwas Agavendicksaft

Zubereitung *ca. 25 Min. + ca. 5 Min. Ruhezeit*

Nährwertangaben

pro Portion: 101 kcal,
1 g Eiweiß, 7 g Fett,
6 g Kohlenhydrate

1. Ingwer schälen und grob in Stücke schneiden. Pfefferkörner und Kardamomkapseln grob im Mörser zerdrücken und in einen kleinen Topf geben. Sternanis, Zimtstange und Nelken zugeben und Gewürze ca. 1 Minute bei hoher Temperatur rösten. Mit Mandelmilch und Mandelsahne ablöschen. Ingwer zugeben und alles aufkochen lassen.

2. Zugedeckt ca. 10–15 Minuten bei geringer Hitze ziehen lassen. Mischung kurz aufkochen lassen, Vanillemark und Schwarztee zugeben und ca. 5 Minuten ziehen lassen. Durch ein feines Sieb abseihen und nach Belieben mit Agavendicksaft süßen. Chai in zwei hitzebeständige Gläser füllen und heiß servieren.

Tipp Alternativ nur mit 100 Millilitern Mandelsahne ablöschen und restliche Mandelsahne mithilfe eines Milchaufschäumers oder in einem Standmixer aufschäumen und darübergeben. An heißen Tagen schmeckt der Chai auch gekühlt mit einigen Eiswürfeln sehr lecker.

GOLDENES INGWERWASSER

Zutaten für 4 Portionen

2 unbehandelte Zitronen,
1 Stück Kurkumawurzel (ca. 6 cm) oder 1 TL Kurkumapulver,
1 Stück Ingwer (ca. 5 cm),
etwas Honig nach Belieben

Zubereitung *ca. 25 Min.*

Nährwertangaben

pro Portion: 30 kcal,
0 g Eiweiß, 0 g Fett,
5 g Kohlenhydrate

1. Zitronen waschen. 1 Zitrone in Scheiben schneiden. Von der restlichen Zitrone Schale abreiben und Saft auspressen. Frische Kurkumawurzel und Ingwer schälen und in Scheiben schneiden.

2. 1 Liter Wasser zum Kochen bringen, Ingwer, Kurkumawurzel oder -pulver sowie Zitronenschale zugeben und ca. 15 Minuten köcheln lassen.

3. Ingwerwasser abseihen und abkühlen lassen. Zitronensaft unterrühren und Ingwerwasser mit Zitronenscheiben in Gläsern portionieren. Nach Belieben mit etwas Honig gesüßt servieren.

Tipp Wenn Sie frische Kurkumawurzel verwenden, am besten beim Schälen und Schneiden Einmalhandschuhe tragen, da sie stark abfärbt. Nach Belieben noch drei Stängel Minze zufügen und Zitrone durch Limette ersetzen. Alternativ lässt sich das Ingwerwasser auch warm als Tee genießen.

Schlank mit Tee

Ungesüßter Tee begleitet Intervallfasten perfekt und ist während der Fastenphasen eine aromatische Alternative zu Wasser. Er ist kalorienfrei, reduziert Hungergefühle, entgiftet und unterstützt die Gewichtsabnahme.

Grüner Tee

Die im Grüntee enthaltenen Catechine hemmen die Speicherung von Fett und tragen damit zur Reduzierung von LDL-Cholesterin und Körperfett bei. Zudem regen sie die Wärmebildung in den Zellen an und steigern damit den Kalorienverbrauch.

Rooibostee

Durch die enthaltenen Mineralstoffe ist dieser Tee basisch und wirkt damit einer Übersäuerung des Körpers entgegen. Zudem wirkt er appetitzügelnd, entgiftend und beruhigend auf den Verdauungsapparat, stoppt den Süßhunger und kann auch abends getrunken werden, da er koffeinfrei ist.

Ingwertee

Ingwer hilft dabei, Heißhunger zu reduzieren, kurbelt Verdauung, Stoffwechsel und Fettverbrennung an, stärkt das Immunsystem und seine wärmenden Eigenschaften helfen bei Frösteln während der Fastenphasen.

Brennnesselblättertee

Er regt den Stoffwechsel und die Verdauung an, ist entschlackend und entwässernd. Aufgrund seiner stark harntreibenden und anregenden Wirkung sollte er jedoch nicht vor dem Schlafengehen getrunken werden.

AVOCADO-BANANEN-SMOOTHIE

Zutaten für 2 Portionen

1 Avocado,
1 Banane,
1 Handvoll Spinat,
2 EL Chia-Samen

Zubereitung *ca. 10 Min.*

Nährwertangaben

pro Portion: 324 kcal,
6 g Eiweiß, 22 g Fett,
17 g Kohlenhydrate

1. Avocado halbieren, entsteinen, Fruchtfleisch aus der Schale lösen und in einen Standmixer geben. Banane schälen, grob zerkleinern und zufügen. Spinat waschen, trocken tupfen und mit in den Mixer geben.

2. Alles mit ca. 200 Milliliter Wasser bis zur gewünschten Konsistenz mixen. Chia-Samen kurz untermixen, in Gläser füllen und servieren.

Tipp Wenn Sie statt Spinat Rauke verwenden, erhält der Smoothie einen leicht nussig-scharfen Geschmack. Verfeinern Sie ihn zusätzlich mit einem Spritzer Zitronensaft und gesunden Gewürzen wie z. B. Kurkumapulver.

VEGANE MATCHA LATTE

Zutaten für 2 Portionen

1 TL Matchapulver und etwas Matchapulver zum Bestäuben,
etwas Agavendicksaft nach Belieben,
300 ml Hafermilch

Zubereitung *ca. 20 Min.*

Nährwertangaben

pro Portion: 81 kcal,
1 g Eiweiß, 2 g Fett,
14 g Kohlenhydrate

1. Matchapulver mit 1–2 Teelöffeln kaltem Wasser gründlich und klümpchenfrei verrühren. 100 Milliliter Wasser auf eine Temperatur von ca. 80 °C erhitzen. Heißes Wasser zur Matcha-Wasser-Mischung geben und alles kräftig verrühren, bis die Oberfläche schaumig, aber bläschenfrei ist. Nach Belieben mit etwas Agavendicksaft süßen. Matchamischung in zwei hitzebeständige Gläser geben.

2. Hafermilch erhitzen (nicht kochen!) und mit einem Milchaufschäumer, Stabmixer oder Schneebesen aufschäumen. Aufgeschäumte Hafermilch auf den Matchatee geben und mit etwas Matcha bestäubt servieren.

Tipp Traditionell verwendet man zur Zubereitung des Matchatees einen Chasen, einen Rührbesen aus feinen Bambusfasern, den man im Online-Handel oder asiatischen Supermärkten erhält. Stattdessen können Sie jedoch auch einen Milchaufschäumer, Stabmixer oder Schneebesen verwenden.

INGWER-SHOT „ORANGE-KURKUMA“

Zutaten für 2 Portionen

2 Orangen, 1 Grapefruit,
1 Zitrone, 1 Stück Ingwer,
½ TL Kurkumapulver, 1 TL Kokosöl,
einige Minzeblätter zum Garnieren

Zubereitung *ca. 10 Min.*

Nährwertangaben

pro Portion: 226 kcal,
4 g Eiweiß, 3 g Fett,
34 g Kohlenhydrate

1. Orangen, Grapefruit und Zitrone auspressen. Ingwer schälen, grob zerkleinern und in einen Standmixer geben.

2. Orangen-, Grapefruit- und Zitronensaft sowie Kurkumapulver zugeben und untermixen. Zerlassenes Kokosöl zugeben und unterrühren. Mit gewaschener, trocken getupfter Minze garniert servieren.

Tipp Alternativ können Sie die Shots auch mit einer Saftpresse zubereiten. Im Kühlschrank halten sie sich einige Tage, bereiten Sie deshalb am besten gleich mehr davon zu. Statt Kurkumapulver können Sie auch ein daumengroßes Stück Kurkumawurzel verwenden.

ROTE-BETE-APFELSAFT

Zutaten für 2 Portionen

3 Möhren, 2 Äpfel, 2 Rote-Bete-Knollen,
Saft von ½ Zitrone und einige unbehandelte Zitronenspalten zum Garnieren,
1 TL Rapsöl, einige Thymianblätter zum Garnieren

Zubereitung *ca. 10 Min.*

Nährwertangaben

pro Portion: 282 kcal,
7 g Eiweiß, 3 g Fett,
52 g Kohlenhydrate

1. Möhren waschen, trocken tupfen und klein schneiden. Äpfel schälen, entkernen und ebenfalls klein schneiden. Rote Bete schälen und grob zerkleinern.

2. Möhren, Äpfel und Rote Bete mit einem Entsafter entsaften. Nach Belieben mit kaltem Wasser aufgießen.

3. Zitronensaft und Rapsöl untermischen und mit Zitronenspalten und gewaschenen, trocken getupften Thymianblättern garniert servieren.

Tipp Alternativ die Zutaten in einem Standmixer mit etwas Wasser so lange mixen, bis die gewünschte Konsistenz erreicht ist. Beim Schälen und Zerkleinern der Roten Beten am besten mit Handschuhen arbeiten, da sie sonst abfärben.

ZITRONEN-APFELESSIG-DRINK

Zutaten für 4 Portionen

125 g Ingwer,
60 ml Apfelessig,
30 ml frisch gepresster Zitronensaft,
etwas Honig nach Belieben

Zubereitung *ca. 10 Min. + ca. 10 Min. Ruhezeit*

Nährwertangaben

pro Portion: 23 kcal,
0 g Eiweiß, 0 g Fett,
5 g Kohlenhydrate

1. Ingwer schälen und in Scheiben schneiden. 750 Milliliter Wasser aufkochen, Ingwer zugeben und ca. 2 Minuten kochen lassen. Vom Herd nehmen, ca. 10 Minuten ziehen und abkühlen lassen.

2. Apfelessig, Zitronensaft und nach Belieben etwas Honig in eine Karaffe geben. Ingwerwasser durch ein Sieb zugießen, alles gut verrühren und sofort servieren.

Tipp Dieser Drink mit den Hauptzutaten Apfelessig, Ingwer und Zitronensaft wird Switchel genannt und soll u. a. das Immunsystem auf Trab bringen und entzündungshemmend wirken. Im Winter kann er warm und im Sommer kalt genossen werden. Wer möchte, gibt Kräuter wie Basilikum oder Rosmarin hinzu.

REINIGENDER DETOX-TEE

Zutaten für 1 Liter

1 Handvoll Brennnesselblätter,
1 Handvoll Melissenblätter,
1 Handvoll Pfefferminzblätter,
2–3 EL Rooibostee

Zubereitung *ca. 5 Min. + ca. 5 Min. Ruhezeit*

Nährwertangaben

pro Liter: 7 kcal,
0 g Eiweiß, 0 g Fett,
1 g Kohlenhydrate

1. Kräuter gründlich waschen und mit dem Tee in einen Topf geben. 1 Liter Wasser aufkochen und Teemischung damit überbrühen.

2. Ca. 5 Minuten ziehen lassen, durch ein feinmaschiges Sieb in eine hitzebeständige Kanne abseihen und servieren.

Tipp Dieser Tee wirkt entwässernd und verdauungsfördernd. Besonders abends lässt er sich gut genießen, da Rooibostee kein Koffein enthält und anders als koffeinhaltige Tees den Schlaf nicht beeinträchtigt.

KOKOSWASSER-ERDBEER-DRINK

Zutaten für 4 Portionen

1 Handvoll Erdbeeren,
1 Stängel Minze und einige Minzeblätter zum Garnieren,
250 ml Kokoswasser,
1 unbehandelte Zitrone

Zubereitung *ca. 10 Min. + ca. 3 Std. Ruhezeit*

Nährwertangaben

pro Portion: 20 kcal,
0 g Eiweiß, 0 g Fett,
3 g Kohlenhydrate

1. Erdbeeren waschen und in Scheiben schneiden. Minze waschen und Blätter abzupfen. Erdbeeren und Minze in eine Karaffe geben und mit 500 Millilitern Wasser sowie Kokoswasser aufgießen.

2. Zitrone waschen, trocken tupfen und in Scheiben schneiden. Zitronenscheiben mit in die Karaffe geben.

3. Je nach gewünschter Geschmacksintensität mindestens ca. 3 Stunden im Kühlschrank ziehen lassen und gut gekühlt sowie mit gewaschenen, trocken getupften Minzeblättern garniert servieren.

Tipp Kokoswasser ist ein guter Durstlöscher mit nur wenigen Kalorien. Statt Zitronenscheiben und Minze können Sie das Wasser auch mit auch 1 Esslöffel ungespritzten Rosenblütenblättern und 1 Esslöffel Kokosraspel aromatisieren. Rosenblütenblätter wirken kühlend und belebend.

HIMBEER-ANIS-WASSER

Zutaten für 4 Portionen

250 g Himbeeren,
2 Zweige Rosmarin,
1 Stängel Zitronenmelisse,
1 TL Anisssamen

Zubereitung *ca. 5 Min. + ca. 2 Std. Ruhezeit*

Nährwertangaben

pro Portion: 7 kcal,
1 g Eiweiß, 0 g Fett,
1 g Kohlenhydrate

1. Himbeeren waschen und verlesen, Rosmarin und Zitronenmelisse ebenfalls waschen. Blätter der Zitronenmelisse abzupfen.

2. Himbeeren, Rosmarin und Melissenblätter in eine Karaffe geben, Anissamen zugeben und alles mit 1 ½ Liter Wasser aufgießen. Mindestens 2 Stunden im Kühlschrank ziehen lassen und kalt servieren.

Tipp Aromatisiertes Wasser ist eine äußerst kalorienarme Alternative zu zuckerhaltigen Getränken. Möchten Sie vermeiden, dass die Aromazutaten ins Glas gelangen, können Sie eine spezielle Flasche oder Karaffe mit Frucht- und Kräutereinsatz verwenden.

TRAUBEN-PFLAUMEN-WASSER

Zutaten für 2 Portionen

4 Pflaumen,
12 Weintrauben,
6 Melissenblätter

Zubereitung *ca. 5 Min. + ca. 12 Std. Ruhezeit*

Nährwertangaben

pro Portion: 10 kcal,
1 g Eiweiß, 1 g Fett,
2 g Kohlenhydrate

1. Pflaumen waschen, entsteinen und vierteln. Weintrauben waschen und halbieren. Trauben mit Pflaumenstücken und gewaschenen Melissenblättern in eine Karaffe geben.

2. Mit 1 Liter Wasser aufgießen, ca. 12 Stunden im Kühlschrank ziehen lassen und gut gekühlt servieren.

Tipp Dieses herbstliche Wasser punktet mit nützlichen Inhaltsstoffen, die entschlacken, entgiften und den Stoffwechsel anregen. Das Rezept können Sie nach Herzenslust variieren. Ersetzen Sie die Melissenblätter z. B. durch zwei bis drei aufgeschnittene Vanilleschoten.

GRÜNKOHL-MANGO-SMOOTHIE

Zutaten für 2 Portionen

100 g Grünkohl,
1 Banane,
Saft von 1 Zitrone,
100 g Mangofruchtfleisch,
250 ml Apfeldirektsaft

Zubereitung *ca. 10 Min.*

Nährwertangaben

pro Portion: 187 kcal,
4 g Eiweiß, 1 g Fett,
37 g Kohlenhydrate

1. Grünkohl waschen, trocken tupfen und dicke Blattrippen entfernen. Blätter grob hacken und in einen Standmixer geben.

2. Banane schälen, grob zerteilen und mit Zitronensaft zum Grünkohl geben. Mangofruchtfleisch und Apfelsaft ebenfalls mit in den Mixer geben und so lange mixen, bis die gewünschte Konsistenz erreicht ist. In Gläser füllen und servieren.

Tipp Statt Mango können Sie auch die Fruchtfilets von zwei Orangen zufügen. Noch mehr Power bekommt der Smoothie, wenn Sie statt der süßen Banane 100 Gramm Rotkohl mit in den Mixer geben. Würzen Sie das Ganze mit etwas Zimt.

REZEPTREGISTER

Bildnachweis

Shutterstock: 2 li. Kiian Oksana, 2 re. SEAGULL_L, 3 li. NoirChocolate, 3 re. Peiling Lee, 5 Carey Jaman, 6 Kolpakova Svetlana, 11 o. li. Foxys Forest Manufacture, 11 o. re. Foxys Forest Manufacture, 11 u. EllyGri, 13 Boontoom Sae-Kor, 21 Nina Firsova, 23 Kiian Oksana, 25 Life morning, 27 Stepanek Photography, 29 AnjelikaGr, 31 Hanifah Kurniati, 33 Danilova Janna, 35 Victoria Tori Dim, 37 Brent Hofacker, 39 li. FotoDuets, 39 M. CGissemann, 39 re. Christin Klose, 41 Dalaifood, 43 AS Food studio, 47 photogal, 49 Irina Kizimenko, 51 Natasha Breen, 53 Ingrid Balabanova, 55 li. Suteren, 55 M. Rawpixel.com, 55 re. SAM THOMAS A, 57 Elena Trukhina, 59 Liv friis-larsen, 61 DronG, 63 mpessaris, 64 Nataliya Arzamasova, 65 o. Valentyn Volkov, 65 u. amphaiwan, 67 Brent Hofacker, 69 SEAGULL_L, 73 Liliya Kandrashevich, 75 Nata Bene, 77 freeskyline, 79 freeskyline, 81 Y. A. Photo, 83 Irina Rostokina, 85 margouillat photo, 87 Magdanatka, 89 Katarzyna Hurova, 93 Nina Firsova, 95 margouillat photo, 99 NoirChocolate, 101 Nina Firsova, 103 Kiian Oksana, 105 Olha Afanasieva, 107 Sunvic, 109 Julia Mikhaylova, 111 Tatiana Foxy, 113 Amallia Eka, 115 li. Dani Vincek, 115 re. ffolas, 117 Cristanna, 119 AS Food studio, 121 Malin Randeniye, 125 margouillat photo, 127 Kati Finell, 129 zi3000, 131 Rimma Bondarenko, 133 ADINA MAGDA, 134 showcake, 135 o. Yulia Furman, 135 u. Mariola Anna S, 137 Olga Gorchichko, 139 Amallia Eka, 140 li. Brent Hofacker, 140 re. Rattawich Kamol, 143 Oksana_Slepko, 145 Kirill Gorshkov, 147 Lilly Trott, 151 Cristanna, 153 MariaKovaleva, 155 Peiling Lee, 156 Tatjana Baibakova, 157 o. zi3000, 157 u. stockcreations, 159 Ekaterina Kondratova, 161 vlasna, 163 Losangela, 165 lola1960, 167 li. OksanaB, 167 M. Lunov Mykola, 167 re. Subbotina Anna, 169 Regesha Iryna, 171 li. Anna Sadovskaia, 171 M. NatashaPhoto, 171 re. LongJon, 173 DronG, Coverabbildungen: siehe Innenteil

Impressum

www.garant-verlag.de

ISBN 978-3-7359-2185-7

Komplettproducing: twinbooks, München
Text und Lektorat: Sarah Herhut, Annerose Sieck, Melanie Goldmann für twinbooks, München